頸城野 近代の思想家往還

村山和夫／著
石塚正英／編

社会評論社版

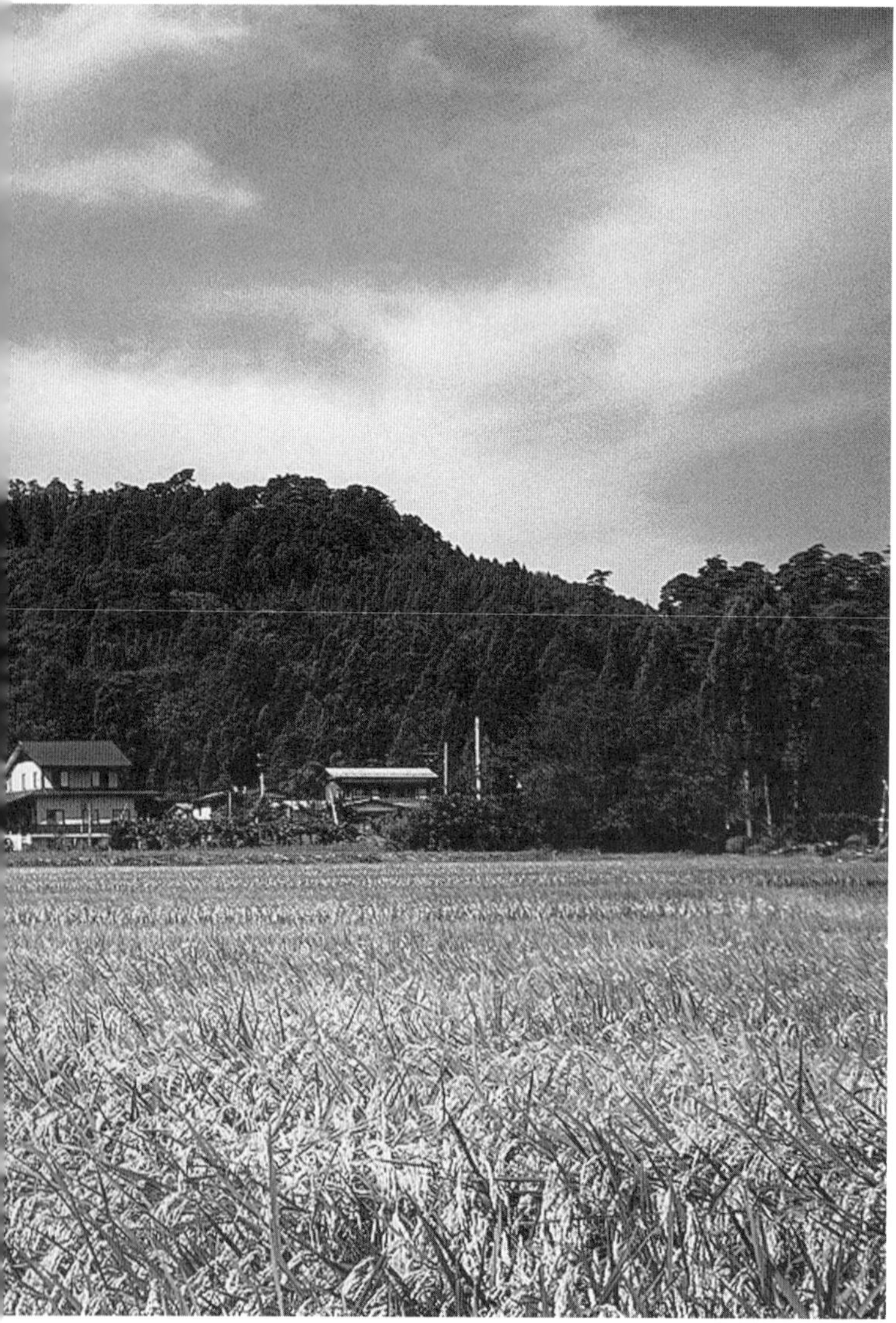

頸城野近代の思想家往還／　目次

編者のことば

石塚 正英

ＮＰＯ法人頸城野郷土資料室は、市民の市民による市民のための郷土文化・生活文化を調査研究し、その成果を地域社会発展に役立てる方向で構想され、平成二〇年二月に新潟県知事の認証をうけ法人登記をなし、同年四月一日に創立された。本法人を構成する事業部に以下のものがある。①野外調査部（頸城野木彫狛犬調査、くびき野ストーン調査、文学碑めぐり）、②学術研究部（協同研究「文学と近代から見た直江津」、ワークショップ「暮らしのインタビュー」、文化財「くびき野ヘリテージ」選定）、③教育事業部（ＮＰＯ学園くびき野カレッジ天地びと運営）。

ところで、上記②の前史として、くびき野ではすでに昭和二〇年代に上越郷土研究会が設立され学術誌『頸城文化』を刊行し、郷土研究者の業績を継続的に発表してきた。その意義は力説してしすぎることはない。本法人は、その足跡を前提にしている。なるほど『上越市史』をはじめとして、近年になってあらたに編集された市町村史誌のもつ学術的な意義はすでに充分に証明されている。しかし、郷土の研究者たちが長い年月を費やして積み上げてきたローカルな業績は、行政の支えと地方税の支弁でまとめられる市町村史誌のそれとは別の意義があるといえる。そのような意味からも、本NPOの活動には、以下の特徴がある。第一に地域住民の目線からみた郷土遺産・文化財に意味を持たせる。専門研究者が認定する学術的価値のほかに、地域住民が生活上で実感する生活文化的価値に重きをおく。かような活動を介してくびき野文化の特徴・個性を学び知る人は、郷土における就労や生活において明日からの目的意識が明確になる、そのような郷土人の育成、これが本NPOの活動目的である。

ところで、くびき野には、昔からたくさんの「よそ者」が入り込んできた。古代では白山信仰をもたらした越前の泰澄、妙高に熊野信仰をもたらしたかもしれない裸形上人、中世に向かっては浄土真宗を根付かせた親鸞、江戸期では、一六八九年七月にくびき野を訪問した松尾芭蕉。そのようなくびき野にあって、海岸部の直江津（＝湊町）はフローを特質としている。それに対して平野部の高田（＝城下町）はストックを特徴としている。フローはヒト・モノ・カネが絶えず流動しており、その勢いが繁栄の動力源である。ストックはヒト・モノ・カネが蓄積されており、その伝統が繁栄の土台である。

江戸時代、北前船は北海道・東北からニシンやイワシを搬送して直江津にいたり、陸揚げしたが、その多くは新田の干しか（魚粉）となって、田んぼの肥やしにされた。そのおかげでもって米はくびき地方の特産となったのである。直江津は進取の精神に満ち、北国街道を南下するに連れ、その地には直江津のヒンターランドが広がるのだった。その勢いは、明治時代になって直江津が鉄道の要衝となるや、いっそう増すのだった。それに対して高田藩は、開府時の七五万石から江戸中・末期には一五万石に縮小し、武家屋敷には空き地が広がり、藩は気の毒なほど萎縮した。とはいえ、明治時代に軍都として再生するや、高田は近郷近在の農村部を巻き込んで発展し生活文化を豊かにし、やがて両市は、昭和四六年に合併して上越市となった。さらに平成一七年、上越市は近隣一三町村と合併して現在の上越市となったのである。

さて、平成二九年の今日、ＮＰＯ法人頸城野郷土資料室は設立一〇周年目に入っている。メインの事業である「くびき野カレッジ天地びと」は通算三百回をゆうに超えている。なかでも、本ＮＰＯの顧問にして頸城野博学士である村山和夫先生は、以下のように講座を担当して今日に至っている。

・軍都高田の相形　（平成二二年度後期）
・くびき野文人論客往来１　（平成二三年度前期）
・勝海舟、川上善兵衛ほか　（平成二三年度後期）

・岡倉天心、尾崎紅葉ほか　（平成二四年度前期）
・頸城にとどまった会津藩士　（平成二五年度前期）
・麦倉助太郎と長州征討ほか　（平成二五年度後期）
・小林古径―幼年期の確認と検討　（平成二六年度前期）

そのような経緯に鑑み、創立一〇周年記念事業の一環として、村山先生がカレッジ講座で担当された講義を中心に先生の〔くびき野人士済々〕研究を編集して一著とする企画を立案した。本書はその成果である。ついてはそのことをも兼ねあわせ、本書をダブル記念出版物としたい。

〔NPO法人頸城野郷土資料室　理事長〕

第一部　くびき野を訪れし人士済々

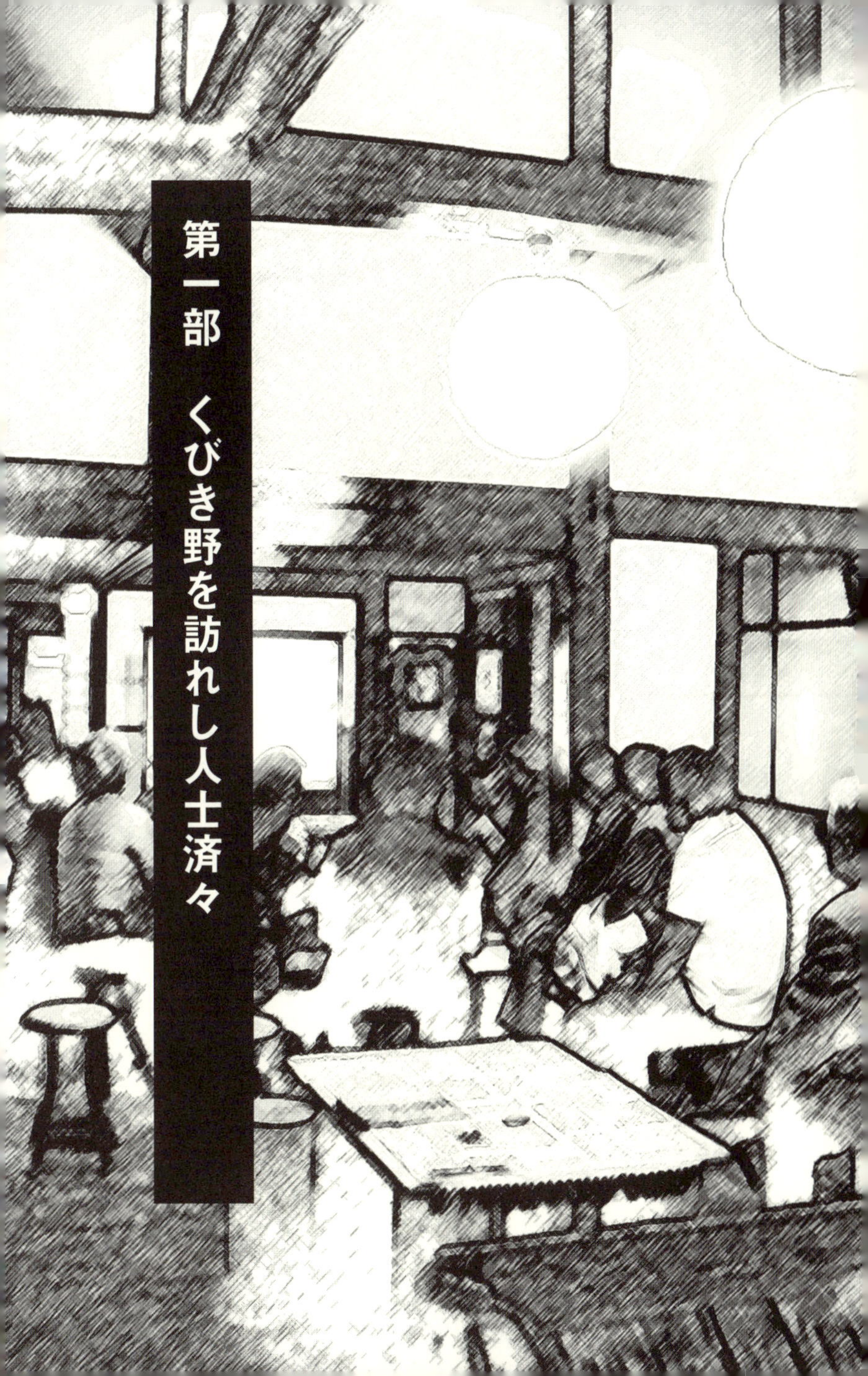

一、勝海舟　越後の勝家の祖と頸城の地

越後長鳥村、男谷検校に発する勝家の祖

勝海舟の曾祖父は、越後国長鳥村平沢（柏崎市）の山上徳衛門の子として出生した。幼くして失明し、江戸へ上って鍼術を学び、米山検校銀一の名でその道の頂に立った。後に男谷と改め男谷検校と称された。海舟は、日記、所感など多くの記録を残しているが、自家のルーツについての記すこと殆ど無く、余り知られていない。海舟と親交のあった徳富蘇峰の『勝海舟傳』の中、「海舟と勝家の系統」の項において、次のように記している。

「勝家は小禄でありながらも、三河武士の系統を傳へた家柄であったが、海舟の父、男谷の家祖は、越後國小谷（註、男谷姓から小谷としたものか、実際は長鳥村）より出て、検校と為り、一代の間に、巨萬の富を積み、江戸に於て十七箇所の地面を所有し、水戸家にのみ七十餘兩を貸し出したが、其の死に臨み、殆ど三十萬餘兩の遺産を其子平藏に遺し、諸家の貸證書は、悉く之を火中に投じて逝いた盲人界の豪傑であった。

傳説に據れば、越後の小谷より、一本の杖を力とし、江戸に出て來た十七、八歳の盲漢があった。此の盲漢こそ海舟の曾祖父たる後の男谷檢校であった。彼が江戸に來た時に所持して居た錢は僅か三百文であったと云ふ。最初彼が身を寄せた家は、徳川の奥醫師たる石坂家の屋敷であった。或る年の冬、雪の降りしきる朝、石坂が登城の際、其の目に留まったのは路傍に二十歳の盲人が病に苦しんでゐたのであった。石坂は之を見て、棄てて置く譯にもいかず、從者をして介抱の上之を屋敷に拉し、手當を為さしめ、己は其儘登城した。石坂は歸邸の後、盲人の身上を聞くに、越後の小谷より來り、寄邊が無いものであるとのことであった。夫から居候として石坂の中間部屋に居住すること〻為ったが、彼は、三百文を資本として、當時中間部屋で流行してゐる賭博に一種の信用貸を始め、利殖を重ねて、終に巨萬な財産家と為り、陶朱猗頓の富を積み、終に檢校の位を□ち得て、男谷検校と稱した人物である。（中略）

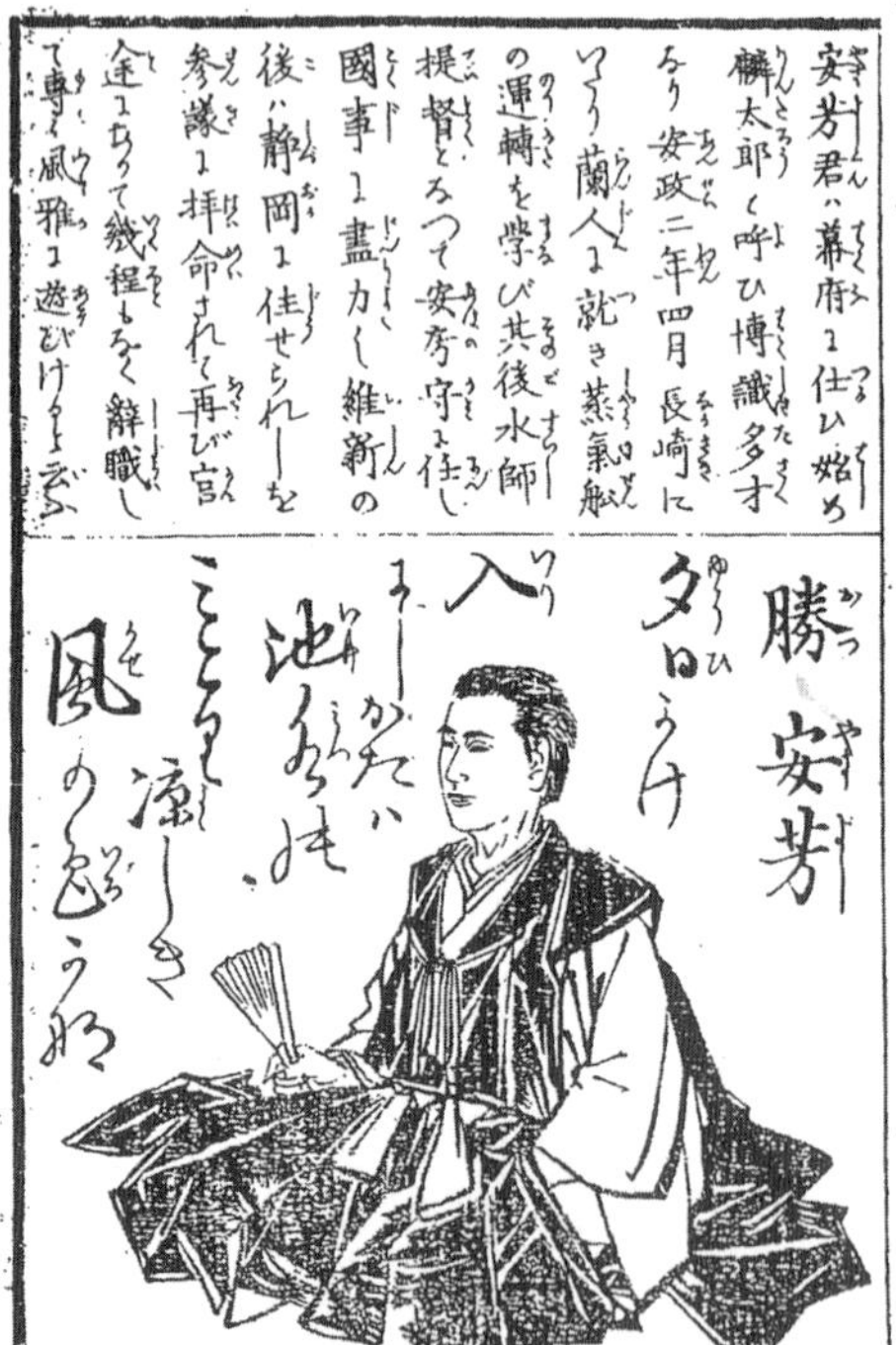

「安芳君は幕府に仕え始め鱗太郎と呼び博識多才なり。安政二年四月長崎にいたり、蘭人につき蒸気船の運転を学び其の後水師提督となって安芳守に任じ国事に尽力し維新の後は静岡に任ぜられしを参議に拝命されて再び官途にありて幾程もなく辞職して専ら風雅に遊びけると云う。」（出典不詳）

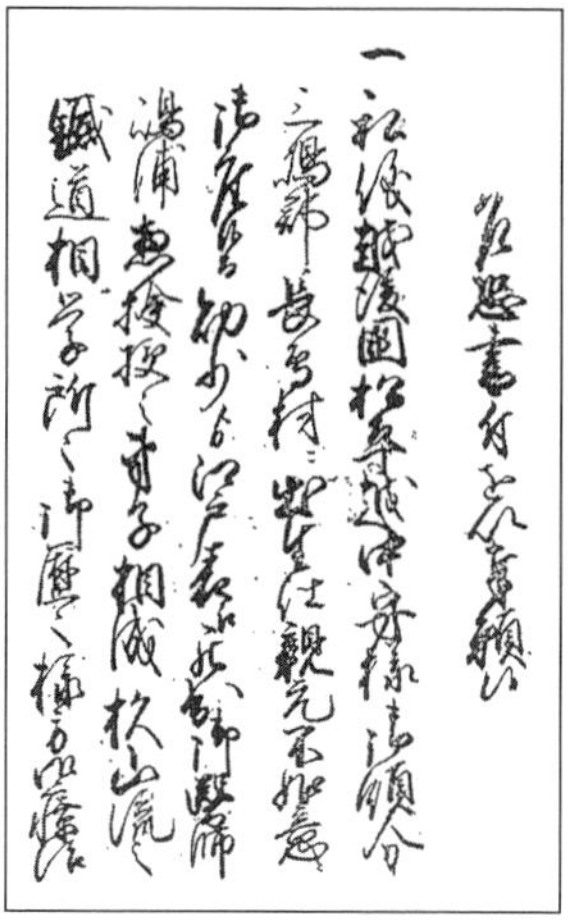

鍼道指南之学校設立願文
「乍恐書付を以奉願候
一　私儀越後国松平中将様御領分三嶋郡長鳥村ニ出生仕、親元不如意ニ御座候而幼少ヨリ江戸表エ罷出御医師嶋浦惣検校之弟子ニ相成杉山流之鍼道相学所々御歴々様方御療治（以下略）

彼は尋常一様の高利貸的人物では無く、他面には侠骨に富んだ財産家であったことは、當時水戸藩が、五百石で彼を召抱へ、財産整理を彼に委託せしめんとしたことがあったと云ふに據るも、判るでは無い乎。

　彼には九人の子があって、其の遺産の中、三十萬兩を彼等に分配した。又た其中で末子男谷平藏に三萬兩の金を頒ちて、立派な旗本の家に養子とした。平藏は文政十年六月、海舟が五歳の時に没したが…」

　事実の真否についてはさておいて、海舟の曾祖父にあたる男谷検校（米山検校のこと）は、不屈な精神の持ち主で、刻苦精進により厳しい道を切り拓いてきた一端が伺える。男谷検校は、終生の念願として盲人学校設立し全国から盲人を集めて教育したいという構想を持ち、開設に関する嘆願書を幕府及び検校の惣禄筋に提出するとともに諸藩に周知を図り、盲人募集に乗り出した、嘆願書の写しは、高田藩にも回ってきた。この遠大な男谷検校（米山検校）の夢は、京都の惣検校から差し止められてしまった。仮にこの計画が実現されていたならば世界最古の盲人学校が誕生したことになる。

明治維新を藩籍奉還がなされると、高田藩の諸物品、諸文書で失われるものも少なくなかった。その中、郷村西松ノ木の小山家（元、上越市長小山元一家）が、先の文書を入手し、保管してきた。後年、盲人教育の貴重な資料であるとのことで、新潟県立高田盲学校寄贈した。これにより男谷検校の壮図が、世に知られるようになった。

海舟、川上善兵衛の岩の原葡萄園を見守り、励ます

上越市大字北方の頚城平を一望する小高い山地に、二二三ヘクタールに及ぶ葡萄園が広がっている。この葡萄園の創設者は、明治元年（一八六八）、北方の地主の家に生まれた川上善兵衛である。川上が二〇歳を迎えようとする十六年から三年続きの凶作に見舞われた。厳しい農民の生活の打開策として葡萄を栽培しワインの製造を思いたった。二十三年に開墾し、二十六年秋には、葡萄酒の醸造にこぎつけた。この年の葡萄は失敗であったが、石

造りの半地下式醸造庫の建設、雪を利用した低温醸造等の改善工夫を重ね優れた葡萄酒を造り出すことに成功し、商標の「菊水」は明治天皇の名付けによるという。

同時に川上は、品種改良に乗り出し、風味のよいヨーロッパ種と気候風土の適用性があり病虫害に強いアメリカ種の交配を試み、一、〇〇〇余種新個体を生み、その中から一〇数種の岩の原新品種を作り出した。マスカットベリーA、ローズシオター、ブラック・クイーン等は著名である。

これらの成果は『葡萄種類説明目録』（三〇年刊）、『葡萄種類説明』（三二年刊）、『葡萄栽培書』（三二年刊）、『葡萄提要』（四一年刊）、『葡萄全書』（昭和八年刊）等九部一〇数巻の書として公刊された。その中、善兵衛の葡萄研究を大成した『葡萄全書』は、上・中・下三巻からなり一、五〇〇余頁に及ぶ大著である。次は、善兵衛の葡萄園創設理念である。

●葡萄は山野、荒蕪地を開いて栽培するので水田、畑など既存の耕地を潰すことはない。

●国産葡萄酒で舶来葡萄酒の輸入を抑えて外貨の流出を防ぐことができる。

●葡萄酒を日本酒に換用すれば節米に役立ち、国民の栄養向上に資する。

これら農村振興を通し国益を図るという「国利民福」の発想が、勝海舟や品川弥二郎に共感させたものと思われ、『葡萄種類説明目録』の題字は、勝海舟、『葡萄栽培書』の序文は、品川弥二郎になる。

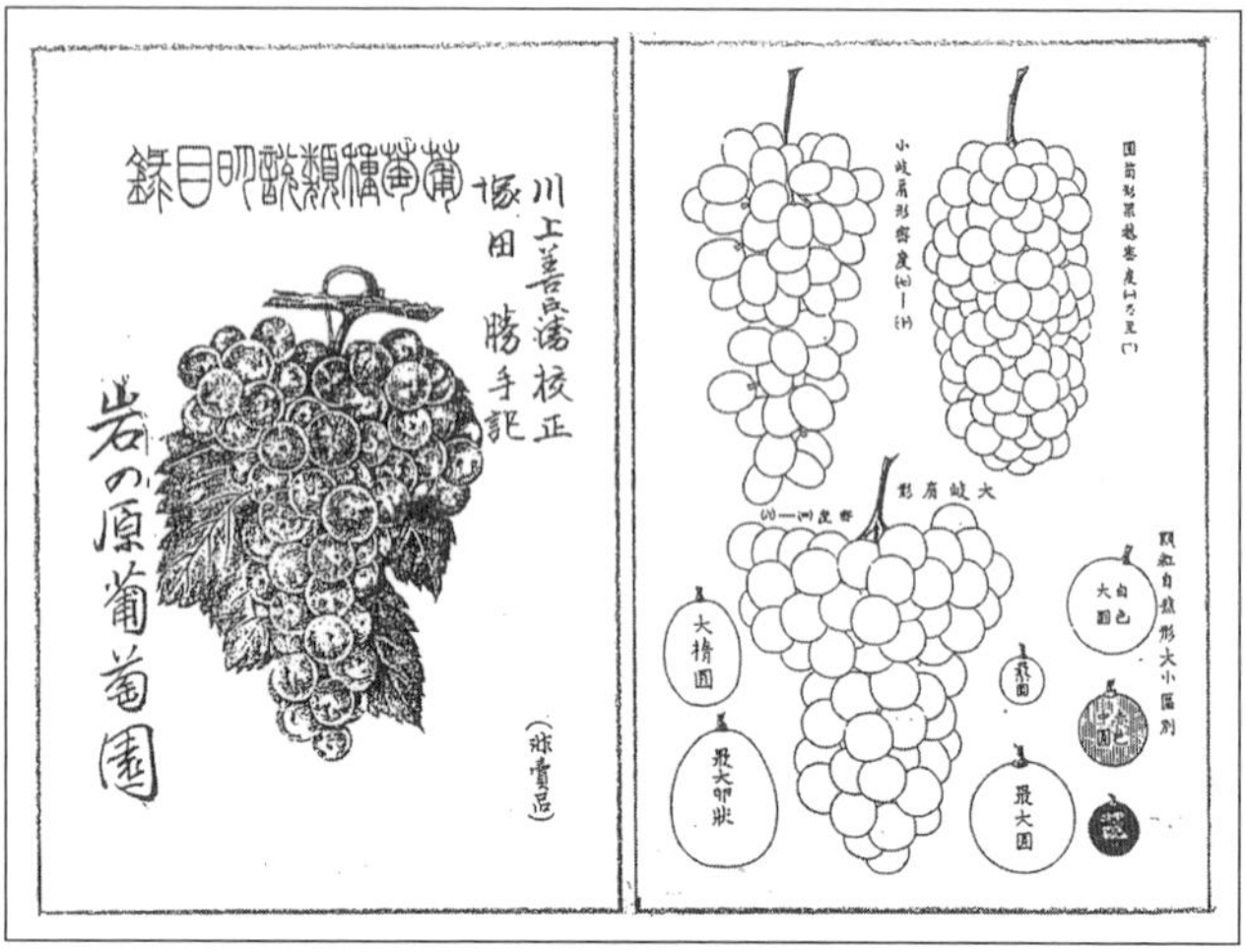

『葡萄種類説目録』ノ表紙　題字・勝海舟
（左）表紙（右）葡萄の種類の説明図

善兵衛と海舟の交流は深いものがある。「海舟日記」の明治二十一年九月三十日には、「越後高田在川上松心」（松心は、善兵衛の号）とあり、善兵衛は葡萄園創設直前に海舟に会っているが、善兵衛は海舟にその志を打ち明けたものであろうか。

二十九年の秋、善兵衛は、祖父松岳の肖像に海舟の讃を求め、長文の讃を得ている。海舟は、松岳を称え末尾に「本軸は、代々川上家ゆかりのある者に伝えられるように」と記しているが、現在、川上忠夫家（東京都世田谷区）に伝えられる。

三十年七月の海舟の記録に、「己のところへ尋ねて来る男に随分面白いものもあるよ。越後高田在に川上善兵衛と云ふ者があって時々尋ねて来るが、余り口数は利かぬけど其志は感心だよ。此人は同地方の相応の資産家ではあったが事業を企てる度に失敗を重ねて今大分無くした相だけれども決して失望も落胆もしないで到頭本年は遣り通したと云ふ事だよ。此人は十年前から葡萄酒の製造に心掛けて多くの葡萄酒を培養して製造を始めたのだが、初めの内は兎角製法が思ふ様に往かぬから若し不良の物を売出して自ら信用を失ひ人損めては往かぬと云ふので、毎年其製造した葡萄酒を土蔵へ仕舞て置て決して他へ出さなかったとよ。夫で今年に為て漸く見込が立ったと云ふ事で弥々広く販売する

川上松岳の図

松岳は、善兵衛が尊敬する祖父に当たる人である。明治二九年の秋、善兵衛は海舟に肖像の讃を求めた所、海舟は心良く受けて、軸に見られるように長文の讃を贈って貰うことが出来た。

ことにしたさうだが此頃数壜を贈り越したのを飲んで見るに中々立派な葡萄酒になったよ此忍耐が迚尋常の人には出来ない事だよ」とあり、善兵衛の葡萄酒造りに対する直向きな努力と様々な困難にくじけない意思の強さが伺われる（『勝海舟全集』「勝海舟翁の談話」）。

善兵衛の後妻の達子との仲介の労をとったのは海舟であった。善兵衛は、達子の父の平松時厚は、子爵であり格式が違い過ぎるとして、一端、辞退したが、海舟の熱心な進めにより結ばれることとなった。そんな矢先の三十二年一月、海舟に訃報が届き、結婚の披露は、一周忌の喪が明けた三十三年四月に行なわれた。

海舟の筆になる「有恒学舎」舎名額

有恒学舎は、増村度次が〝国の発展は地方の振興なくして達成できない。地方の振興のためにはその地に活躍する人材を育成することが根本である〟との信念により創設された学校であり、二十九年四月一日、板倉村針の常覚寺を仮教場として開かれた。

「有恒」という名の由来は、論語の術而編第七にある「亡而為有虚而盈約而為泰難乎有恒矣」（亡くして有りと為し、虚くして盈つると為し、約にして泰と為す。難かな、恒あること）という章句によるものであり、「（常に自己を偽らない信念持っている人）無くても有ると思い、空であっても満ちていると感じ、たとえ貧しくても心は落ち着いて安らかである。むつかしいことである。（この世の中で）恒に変わらない心を持ことは」との意になろう。言わば、恒に変わらない正しい信念を持ち続ける人間を育成したい」という願いが込められてつけられたものである。

同年五月二十六日、同郷の先覚者として尊敬してきた井上円了を通じて海舟に依頼してあった学舎名「有恒学舎」と記した書が届いた。七月二十九日、板倉村大字針沖ノ宮に校舎が竣工し、落成式及び開校式を挙行した。この時、勝海舟（七四歳）の筆になる舎名額が掲げられた。度次、二九歳の時のことであった。現在、本籍は、新潟県立有恒高等学校の校長室に掲げられている。

舎名の額を巡って、井上円了と勝海舟との関係について触れてみたい。

勝海舟
1823～1899
文政6年1月30日生、
明治32年1月19日没。

勝海舟と当地との関わりは、川上家との交流は緊密であり、晩年期における当地に寄せる思いは厚かった。

井上円了（一八五八～一九一九）は、安政五年、新潟県三島郡越路町の真宗大谷派の寺に生れる。明治十八年（一八八五）、東京帝国大

勝海舟の筆になる「有恒学舎」の学舎の舎名額。「有恒」の義についても、本文を参照されたい。

学哲学科卒業。在学中に哲学会を組織し「哲学会雑誌」を創刊。湯島に哲学館（現、東洋大学）を創立した。仏教に哲学的基礎を与えようとした「真理金針」は、キリスト教批判において国粋的であったがその方法は西洋哲学の原理にもとづいていた。

度次は、有恒学舎の創設、その経営について助言を仰いできた。学舎の開校式には出席し、その壮挙を祝福している。学舎創立五周年の三十四年四月にも訪れ祝辞を述べ、大正三年六月にも講演している。

学舎の卒業生は、明治四十年の学校制度の規則が改正されるまで、大学、専門学校など上級学校への受験資格が得られなかった。この為に上級学校をめざす者は、先の哲学館の敷地に井上が創立した京北中学校に編入し、中学卒業の資格を得て目指す道に進むことができた。その後も学舎の卒業生は東洋大学に進む者が少なくなかった。

所で、円了と海舟との関係であるが、勝が記した「海舟日記」（『勝海舟全巻』）に、井上が哲学館を創設した明治二十二年の事項に「十一月七日、［井上］円了方へ一封認め遣す。十一月九日、井上円了、十三日哲学館開業の旨、古仏像、金子十五円寄付。十二月二十一日、井上円了種々談」等とあり、井上の哲学館創立に当って相談に応じている様子が記されている。その後も、井上の名は「勝舟日記」においても何回か登場するが、舎名についての揮毫についての記録は、見当たらない。

勝家の後を継いだ人々と頸城との因縁

海舟は四男五女の子福者であった。長男小鹿は、海軍に進み、米国アナポリス海軍兵学校及び大学校に留学し期待されていたが病弱であった。妻、恵以（桜井忠興の女）は子がなく早逝し、後妻に「多満」を迎えた。多満は、旗本の斎藤家の生れであり、「海舟日記」に斎藤家に関した記事が散見する。

所で、中頸城郡津有村（新保古新田）の野口家から新道村（稲田）の吉崎家に嫁した「美与」の子「はま」が、斎藤家の嫡子のもとに嫁している。「はま」にとって義理の妹にあたる「多満」が、勝家の跡取りの嫁に迎えられたということになる。どのような因縁で吉崎家の娘が旗本の斎藤家に嫁いだものであろうか、その点に関しては定かではないが、世の中は狭

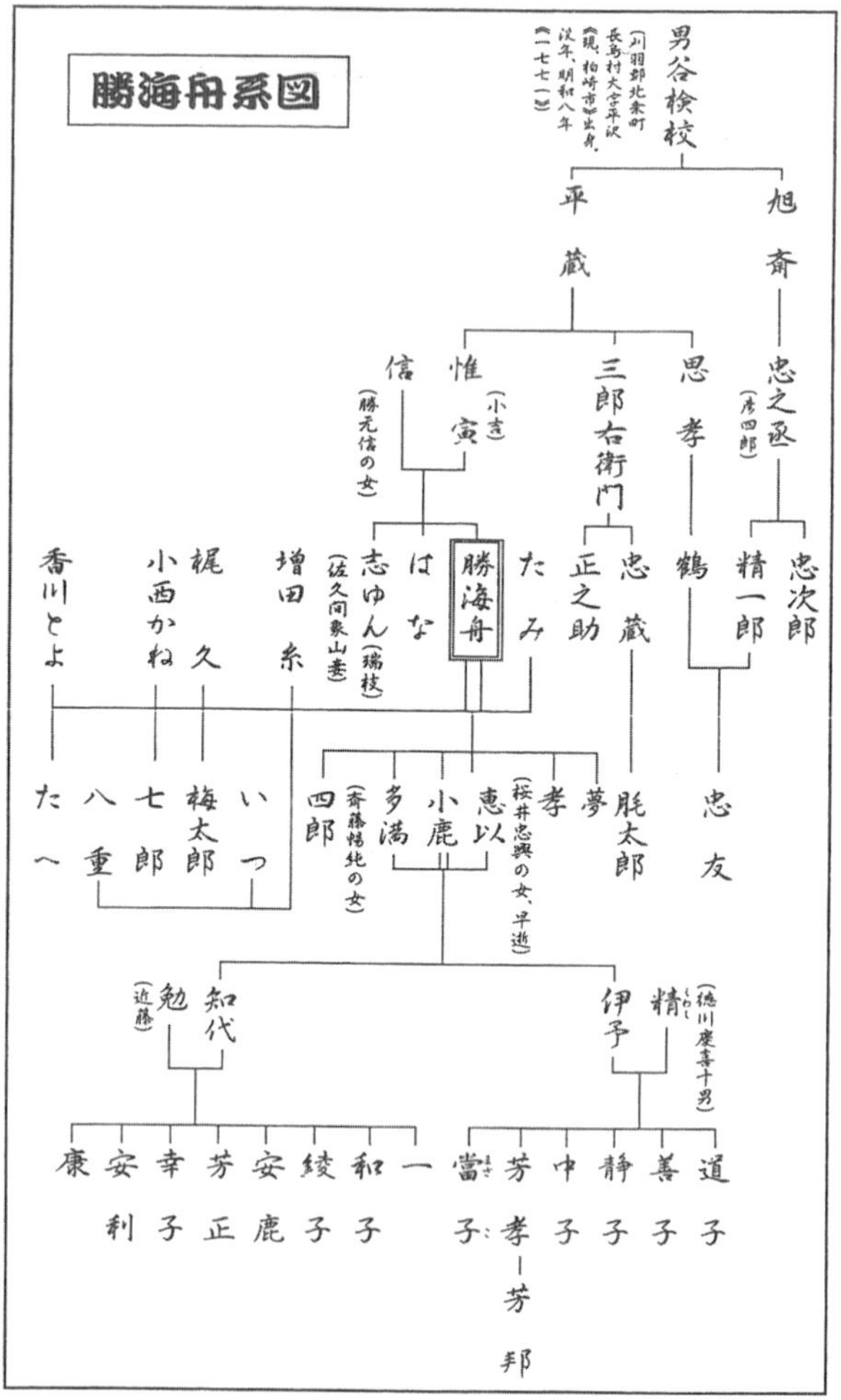

『勝海舟のすべて』(新人物往来社)をもとに構成(「富子」を「當子」と改める)

いものとの感を抱かせる。興信所のような話になってしまい恐縮している。

ともあれ、斎藤家と縁のある吉崎家及び野口家その縁者のもとに海舟ゆかりの品々が伝えられている。筆者が知り得たものでも、書では、野口春雄家（府中市）、宮沢武雄家（さいたま市）が、遺品では、故小山元一家（上越市）に海舟が使用したと伝えられているステッキなどがある。「伝海舟のステッキ」は、枕部は漆塗りで螺鈿細工の一五羽（俳句は一五文字）の鶴が配され、先端の握りの部には金の埋め込がなされた優雅なものである。

明治二十五年二月七日、長年、胸を患っていた長男の小鹿（予備海軍少佐）が死亡した。「海舟日記」には、「今暁、小鹿、病亡」とのみ記している。次で九日、「我家相続の事、書付、溝口へ附し、徳川家差し出す」と、徳川慶喜の末子精を養嗣子に迎えたいと希望した。溝口勝如が海舟の意向を取りついだ結果、十七日、希望どおり精が養嗣子に決定した。当日の日記に、「溝口勝如、拙勝氏の家、儀、死後、慶喜御末男を以て御続の事、御許これあり、溝口大に骨折らるニ因る」とある。

なお、海舟が慶喜に養嗣子を願い出ることができた背景には、維新以来、書簡や使者による連絡を通して両者の、意志の疎通が図られていたものと思われる。それ故、養嗣子の話も円滑に進んだものであろう。

次は二十二年十一月二十九日付、慶喜から海舟宛の書簡（『海舟全集』）である。

寒冷の候に候えども、愈御清穆賀し奉り候。先般は千駄ヶ谷へ行啓在らせられ候御事、私に於ても在難く存じ奉り候。未曾有の御事ゆえ御都合も如何と蔭乍ら心配罷り在り候処、万端好都合に相濟み、真に安心仕り候。

貴君様方万端御配慮成し下され候趣き、溝口より委細承知仕り、有難く存じ奉り候。又その砌りは拙子荊妻へも拝領物仰せつけられ、存じ寄らざる事にて、真に有難く存じ奉り候。前文申上げ度く、此の如く御座候。頓首

十一月廿九日　　慶喜

安房様　玉机下

再伸　前文の義、大久保一翁様へも宜しく願い奉り候

精は、明治二十一年八月生れで妻の伊代子は同年の三月の生れであった。二人の間に一男五女があり、長男芳孝が勝家を継いでいる。徳川慶喜の孫、精の姪にあたる榊原喜佐子（高田藩主の後裔榊原政敬に嫁す）によれば、五女の當子は、関西で健在であるという（平成十四年四月現在）。

《参考資料》

・『勝海舟全集』（全二二巻）勝部真長他編　勁草書房（一九七三年）

・『勝海舟のすべて』小西四郎編　新人物往来社（一九八五年）

・『勝海舟の曾祖父　目明きを救った盲人米山検校』福原滋著　新潟日報事業者（一九八九年）

・『有恒　百年の歩み』県立有恒高等学校創立百周年記念事業実行委員会（一九九六年）

《初出》

越後から出た勝家の祖と頸城における勝海舟の投影「支部会報」第二六号　新潟県高田高等学校校友会東京支部（平成十四年十一月）

二、福沢諭吉　上越に二度も訪れることとなる

明治二九年一一月六日、福沢諭吉は家族を伴って二泊三日の信州の旅に立った。日程の概要は、六日、善光寺参詣と長野市内を見学し長野泊。七日、直江津まで足をのばし、夕刻、長野在住有志の談話会に出席、同じく長野泊。八日、帰京ということであった。

ところが上越地区の思惑では、八日に直江津入りの予定であり、この機会に歓迎会をもちたいと考えていたようであった。この間の事情について、「時事新報」（十一月七日付）に「福沢先生の善光寺参詣」と題して随行員の北川生が次のように詳しく記している。

（前略）城山館（注・長野の談話会場）を辞して旅宿に帰れば来訪者又多し。内に高田より来れる野口孝治、宮沢俊治の二氏あり。切に先生の越後に再遊あらん事を請う。曰

く新聞紙によれば先生は、明日、直江津を一覧せらるとの事なれども直江津にての風聞には先生の一行らしき人々今朝、直江津に来られしと云うによって吾々はあまねく同所の旅館を尋ねたれども見えず、早々、長野に来りて是非とも高田に来遊せられん事を請わんとて同志の総代として聞けば、先生はすでに直江津を一覧してただちに長野へ引返えされしと云う。遺憾極まりなし再度の来遊御迷惑とは存ずれども必ず先生をお連れ申すべしと誓って両人が参上したる訳にて、若しも其の御承諾を得らざればゞ、吾々両人は昔ならば切腹せねばならぬ場合に迫る次第なれば曲げて再遊を辱うしたしと懇請してやまず。まず佐久郡の人々は、又高田に再遊せらるるほどならば佐久にも是非来遊を請わざるべからずと主張しぬ。先生は初めより明日帰京の予定なれば容易くは承諾されず、夫人にも相談されぬ。夫人方は用事もあれば是非とも明日帰らざるべからずとの事なり。されど諸氏の好意もまた黙止し難し、すなわち夫人、令嬢、令息三八君は明日一番汽車にて帰京せられ先生、一太郎君及び随行者二人は留って高田へ行き、又佐久へも赴く事に議一決せしは、夜十時半頃にして、高田の使者は欣然として喜び電報を発して此の趣を越後に急報し、佐久の有志も翌朝急ぎ帰りて歓迎の準備に取り掛かりぬ。

明治二九年、諭吉は二回上越に入った。第一回目の上越入りは、私的なしかも家族を伴っていわばおしのびの旅であった。第二回目は、上越地区在住の慶応義塾の門下生を中心とした強引ともいえる招へいであった。按ずるに上越側では、福沢の確たる承諾のないまま、参会者への案内、歓迎会場の設営等の諸準備が進み、退引ならない状況下にあったのではなかろうか。

ともあれ、使者となった野口、宮沢両名の「其の御承諾を得ざれば、吾々両人は昔ならば切腹せねばならぬ場合に迫る次第なれば、曲げて再遊を……」と時代がかった要請の中、福沢は、情にほだされ再遊の意を固めた。

八日、家族は予定通り帰京の途についた。高田行きの下りの列車は、この後の発車となった。駅には、高田から一番列車でかけつけた大潟の笠原恵の姿もあった。笠原は、慶応義塾、明治一一年卒で、当地で最も早い時期の卒業生で、宮沢も同期生であった。野口は、二七年卒で当時、塾を出て二年目であった。福沢の歓迎会は、中堅の笠原・宮沢、新進の野口の努力によって実現した。

高田での歓迎会場は「高陽館」が充てられた。門に国旗が交叉して立てられ、福沢先生歓迎の看板も設けられた。会場の席の正面に福沢の徳を頌する田中米作になる一誌が掲げられていた。

奉呈　福沢先生

世局見来着眼高　開将実学育英豪
昂然固有廻瀾《ラン》手　万里潮流砥柱牢
米作　再拝

この席で福沢は、次のような談話を試み、時代の流れと上越地方のあり方について示唆を与えた。（「時事新報」一一月一八日付より）

越後は米の産地にして其産額少なからざるが如し、此の米の価はかつて甚だ廉にして六円の上に出でず七・八円にもならば大幸なりと云いし程なるに、七・八円はおろか今は十円以上にも騰貴して復た下落の模様なし、加うるに交通の道開けて運輸の費用少なし。此の地方の富裕想うべし、さて人民はすでに富めり。退いて之を守らんか更に進んで大いに取らんか此所一考すべし所なるべし。退いて守るも一法なり、進んで取らんには危険なきに非ず。然れども今の世に退守は甚だ困難なり世間の物情は日に変じて風波高し、此間に処して独り自ら守らんとす無理と云わざるべからず。たとえ身一つの失策なく所有の財産は堅く守って一物をも失う事なしとするも物価の高低、金額の昇降は免かるべからずして何時の間にか身代の半減を見る事もあるべし。されば守るが為にも進んで迫るの工夫肝要なり。事の実際に臨みもっとも注意すべきは鉄道の影響なり。沿道の地価を高低せしむが如きは一些事にして物資集散の中心を動かし、商工業の趣を一変し或は、一寒村を化して繁華の都会たらしめ都会をして寒村たらしむ。現に信越鉄道は高田の範昌を直江津に移しつつ非ずや、北海の魚は此の鉄道によって信州の山奥にも行き東京の市場にも上る。米其の他の産物皆同様にして、従来東京より商品を仕入れるに数日を要せしも今は電話一発直ちに幾許の品物に手も取寄するを得べし。商況変ぜざらんと欲するも得べからず、僅か一鉄道の影響かくの如し、今後いよいよ延長して縦横に敷設せらるるに至らば其の効実に測るべからざるものあるべし。若し巧に利用すれば産を興す事易しといえども若しも一たび此の大勢力に打たれなば家を亡ぼすは一転瞬の間にあるべし。其の利用の細目に至っては銘々の工夫次第にしてかたわらより忠言の限りあらず、諸君の注意此辺に細やかならん事を望む。

この後、懇親会に入った。主客共々歓を尽くし、参会者は勿論、福沢も又満足し、時の過ぎるのを忘れる程であったという。参会者は四九名の氏名の記録が残されている。

福澤諭吉先生来高歓迎会出席者

	氏　名	慶応卒業	住　所	義損金出資	職業・社会的活動等
1	笠原　恵		日本橋区茅場町	10円	農商業・学舎維持金120円出資(明・23年)
2	田中　米作	卒業生(11年)	中頸城郡新道村	10円	農業・村長・倉石塾生
3	鹿住源十郎	(記録不詳)	中頸城郡斐太村	7円	農業・上越銀行頭取・改進党員・倉石塾生
4	野口　孝治	卒業生	中頸城郡津有村	7円	農業・衆議院議員
5	宮沢　俊治	(記録不詳)	中頸城郡　村	7円	農業・
6	饒村　克治	卒業生(27年)	中頸城郡大崎村		農業・(山田辰治の弟)・頚城鉄道の経営者
7	石塚　豊作	卒業生	中頸城郡直江津町		石塚家第12代に豊治があるが
8	田中　慶治	(記録不詳)		7円	
9	倉石　知蔵		高田町下紺屋町	2円50銭	衆議院議員・改進党・バス会社創設・倉石塾
10	入村　賢吉	卒業生	中頸城郡小出雲村	2円50銭	高田新聞社員(旧姓山崎)
11	林　惣平				
12	服部　栄吉				
13	佐藤忠次郎				
14	田中　賢吾				
15	渡辺剛一郎	(記録不詳)		7円	
16	大塚吉太郎		中頸城郡新井町か		父兄か（新太郎名の卒業生あり）
17	江坂　熊蔵		高田町中殿通町		第4代高田市長・海軍少将
18	丸山豊治郎		高田町寺町	7円	高田日報社長・衆議院議員
19	五十嵐健治		中頸城郡新道村		クリーニング白洋舎の創業者
20	小林　貞治				
21	山崎市治郎	卒業生	古志郡長岡町		酒造業
22	清野　迂作				
23	笠原　克治				
24	山本　鋳二				
25	坂口　七平		中頸城郡明治村		石油・マッチ事業・県議・坂口謹一郎の父
26	水谷　輝高				
27	塚田吉太郎				
28	西江喜太郎				
29	田辺　文吉				直江津町の人或いは田辺鉄治の親か
30	瀬尾　玄弘		高田町		知命堂病院創設
31	斎藤　喜内				
32	諏訪源次郎				中頸城郡川端村に諏訪姓多し
33	石塚六三郎		直江津町	7円	直江津の旧家で廻船問屋等勤める
34	池原鐐之助				
35	山田嘉一郎				
36	小林　正章				
37	保科保太郎		中頸城郡大貫村		政党員(改進党)
38	岩佐　麟太				
39	平出　善吉				弁護士・越後日報社長・子の修大逆事件弁護
40	深堀　庫吉				現在・直江津に深堀印刷あり
41	小山　鉄児				
42	高橋　文質				高田新聞社社長・衆議院議員
43	五十嵐正綱				
44	早川利三郎				
45	陶山小七郎				高田町中小町に陶山薬店舗あり
46	中村　正彦				
47	渡辺　玄英				
48	馬場平次郎				
49	田中(不詳)				

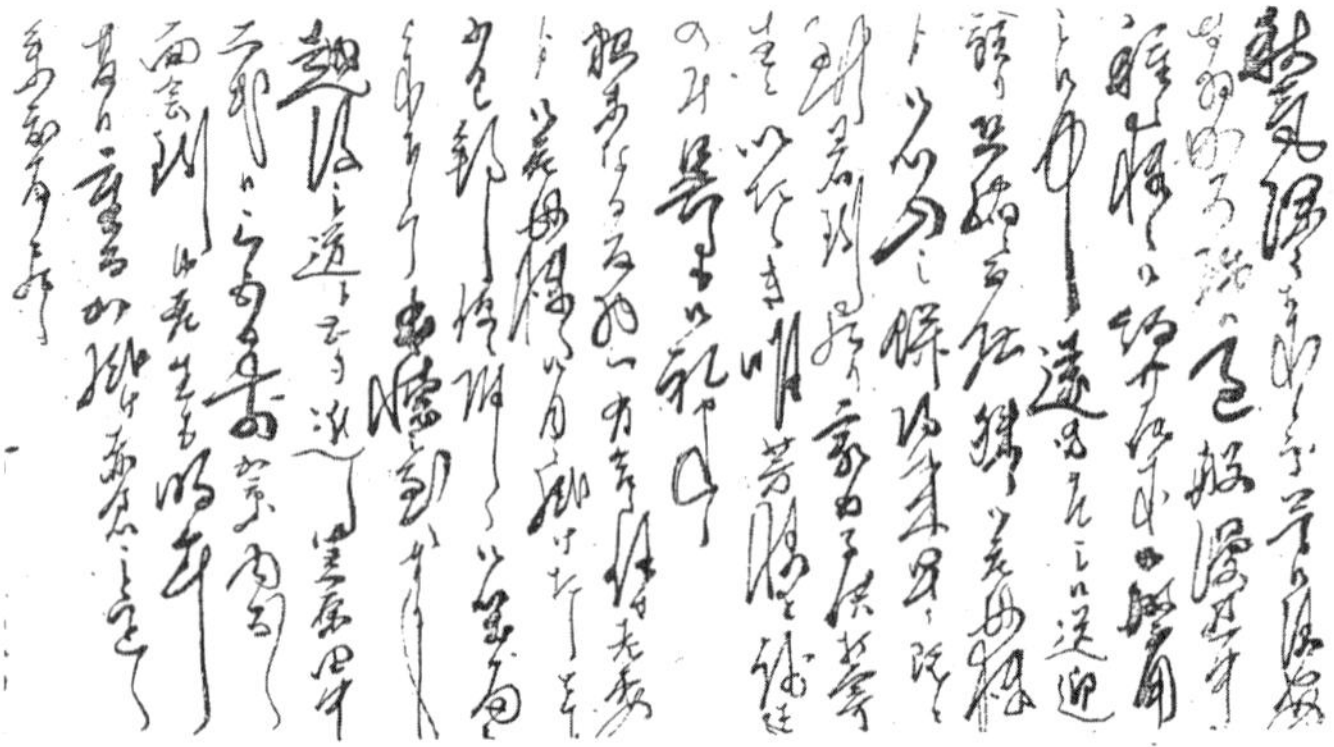

福沢は、翌九日、佐久に向かい帰京は一一日となった。

東京に戻った福沢は、野口孝治に礼状と礼の品として反物を届け、そのはからいや労苦にむくいている。

> 秋気深く相成候処益御清安奉拝賀。陳ば過般漫遊中は種々御約介罷成、御繁用の御中遠方までの御送迎に預り恐縮に不堪、殊御老母様より御心入の餅、帰来早々既に到着致し居り、家内子供打寄り直ちにいただき、唯芳情を謝するのみ　呉々も御礼申上候。（注・写真の部位）
> 粗末なる反物は有合てに任せ御老母様へ御目に掛けたしとて小包郵便に附し候。御笑留も被成下候はば本懐の至に奉存候。越後の道も甚だ近し、笠原、田中二氏は三五日前出京、ゆるゆる面会致し

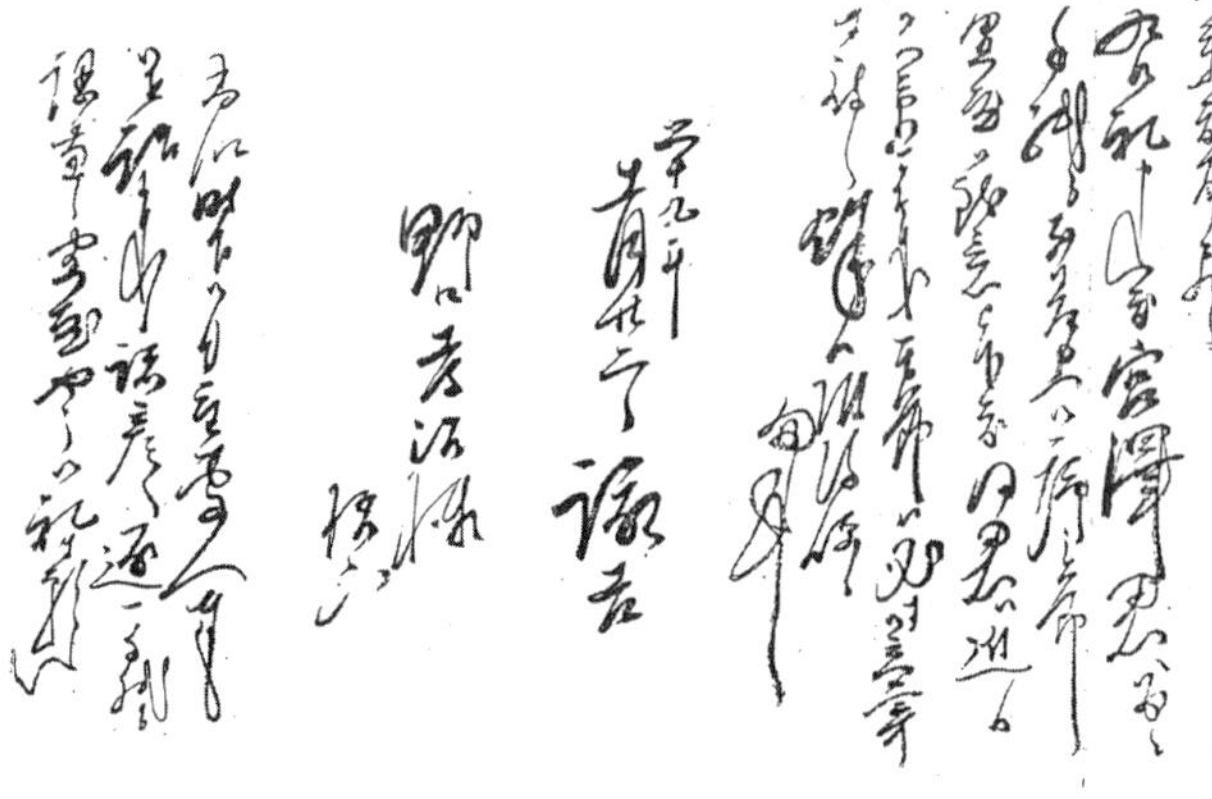

候。老生も明年夏は重て出掛け、赤倉の辺へ参度存居候。

右御礼申上度、宮沢君へ別に手紙も不差上、御序の節宜敷御意被下度。同君は近月後出京可相成、其節は必ず御立寄奉待候。余は附後便候。

勿々頓首

二十九年十一月廿二日　諭吉

野口孝治様　梧下

尚以時下御自重専一奉存候。御世話に成候諸彦へ遂一手紙も認兼候。宜敷やう御礼奉願候。以上

福沢は、笠原恵にも礼を述べた手紙を出しているが、発信の日附は、一一月一四日と早く、内容は、

野口宛のものに比してくだけており、宛先も笠原様と略され、それだけに、両者の関係の親密さが伺える。なお、笠原の住居は、東京、日本橋区南茅場町にあった。

過般漫遊の節ハ容易ならざる御世話ニ相成諸彦之奉情謝する所を知らず帰来尚未だ御礼之手紙も不差出拝眉□□□可申上候。

今日ハ塾之柔術会ニ而出張唯今帰宅御手紙拝見候。昨夕御出京一両日中御来訪可被下由御待申上候。明日ハ午後少々客来之筈午前なれば差支無御座。その午後の客と申も孫娘等が躍をおとると申事なれハ必しも差支ニあらず御都合次第ニ而御来駕可被下候。明後十六日ハ終日不在その翌十七日ハ朝鮮之者何か用事ニ而参るよし其外ハ差支無御座候。右拝答まで申上度匆々。如此御座候。

二十九年十一月十四日　　諭吉

笠原　様　梧下

以上、明治二九年一一月七日・八日の両日にわたっての福沢の来越の模様を記してきたが、そこには、福沢と門下生のきずなの深さが伺える。福沢の日程を変更してまでの来越は、福沢と笠原の並々ならぬ親密さ、野口の精力的な推進力があったことによるものと思われる。

福沢の世話になった人達への心くばりが篤《あつ》く、野口に対しては、福沢夫人の見たてた反物を彼の母に送り、笠原には自身のこまごました身辺の事情を知らせ、来訪を待っている旨を知らせている。

塾生の福沢への当地の土産として次のものが贈られた事が、「福沢先生歓迎雑記録」に、つぎのように見えている。

一、金弐円七拾五銭　攝子一箱三十品入
一、金弐円参拾銭也　翁羹弐箱
一、金拾円六銭　　ヘム取合半打縫四打

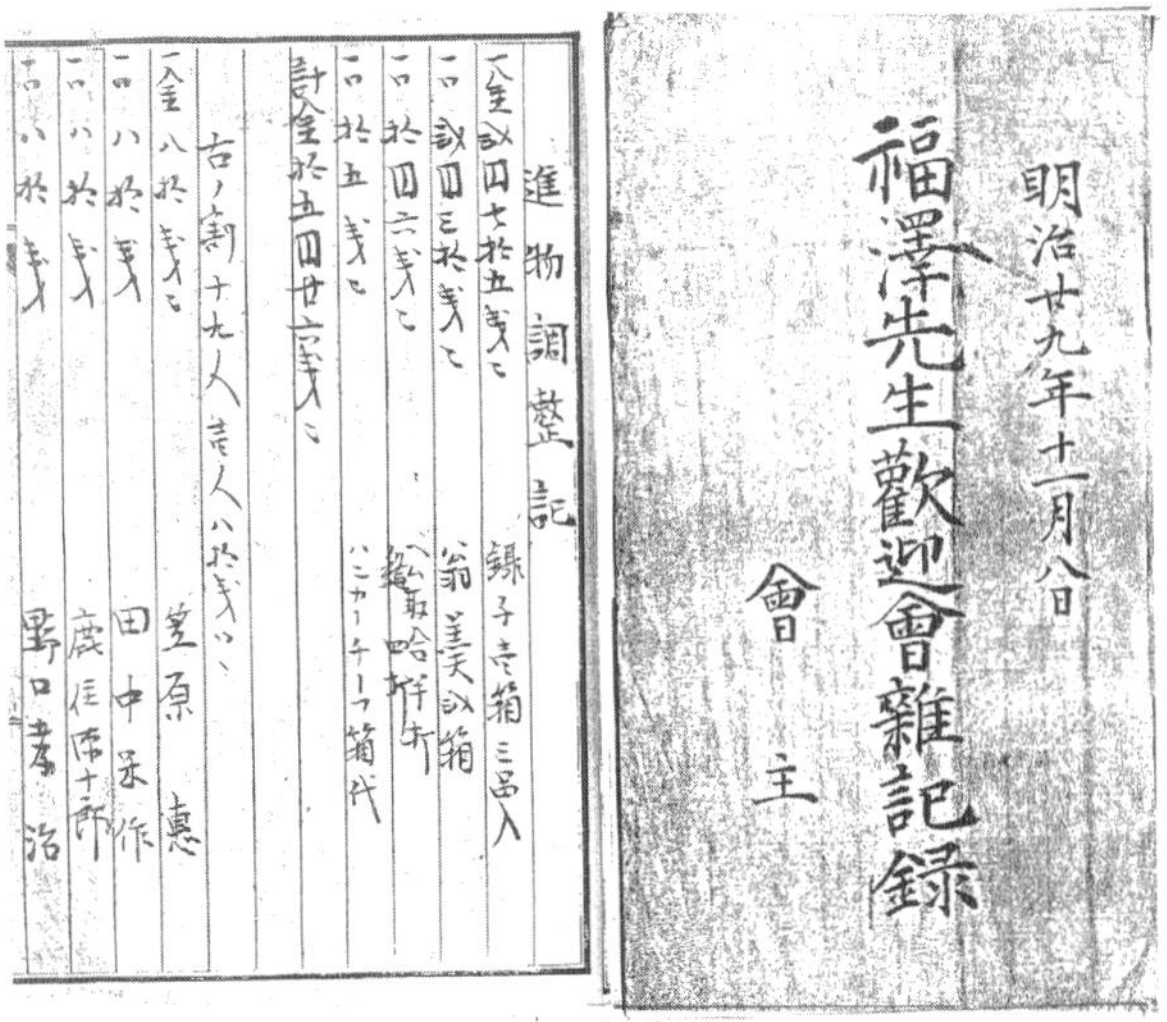

所で、聞きなれない「ヘム」であるが、本品は、羽二重地に花鳥の刺繡を施して「縁飾り」をしたハンカチーフで、明治十九年、木戸信次郎によって設立された高田女工場で生産されたものと推察される。

《資料》

・時事新報（明治二九年一一月一七日・一八日付）「福沢先生の善光寺参詣」北川生

・野口孝治宛　福沢諭吉の書翰（野口家蔵）（注）本書翰は「福沢諭吉年鑑」福沢諭吉協会編に収録。資料番号・三三九二号

・福澤先生歡迎会雑記録　明治弐十九年十一月二十日　會主

・「一茶と長英と諭吉」渡辺慶一著（注）本著に、笠原恵宛の福沢諭吉の書翰を集録

・「大潟長史」大潟町史編さん委員会編、発行者大潟町、昭和六十三年五月三十日発行

三、東郷平八郎 海将が頸城の地に残したもの

東郷平八郎は、明治三十七・八年（一九〇四〜五）の日露戦争において聯合艦隊司令長官として日本海軍を指揮してきた。緒戦の黄海海戦において、ロシアの旅順艦隊を制圧し、陸軍の兵員、物資の輸送路を確保し、日本海海戦ではバルチック艦隊を破り、日露戦争の勝利に多大な貢献をした。

この功績により、元帥の称号及び菊花章頸飾が授与された。昭和九年（一〇三四）五月三十日、齢八十八歳をもって死去した。死去に際し候爵に昇叙され、国葬に付され人々に軍神と称されてきた。

東郷平八郎
1847年12月22日生、
1934年5月30日没

日露戦争の戦勝ムードの漂う明治三十八年九月、高田中学校では田川辰一校長の発議によって校舎表門通路の両側に「紀恩碑」と「表忠碑」と称する二大石碑の建立計画に着手した。紀恩碑建立の趣旨は、「明治天皇北陸巡幸の際に行在所に充てられた光栄、皇太子（大正天皇）北信行啓の際、親臨を得た恩栄を記念する」ものであり、篆額は海軍大将威仁親王（有栖川宮）、撰文は文学博士三島毅、書は当代随一の初夏日下部東作（鳴鶴）になるものである。表忠碑については「日露戦争において戦没した職員と同窓生八名の名誉を表彰し、併せ生徒をして感奮興起せしめん」ということにあった。撰文は高田藩儒者木村容斉の門下で詩文に長じた当校教師の江坂熊蔵、書は能書家で知られる当校教師の安西広文に委嘱し、篆額の揮毫は、東郷に依頼することにしていた。翌三十九年七月十三日、東郷あてに、「碑文亦別紙の通り脱稿致候不日彫刻に取掛可申候、就ては石碑面に閣下の御

高田中学校において東郷大将、上村中将講話

篆額を辱ふするを得ば……」と揮毫を願い出た。

このような動きの中で三十九年七月、東郷平八郎大将、上村彦之丞中将両将が新潟県に来遊する運びとになった。当地の郡長、町村長、師範学校、中等学校長及び有志等は協議して、東郷に師範学校及び中等学校生徒に対して講演を開催したいと懇願した所、其の許諾を得ることとなった。

七月二十二日、両将らは高田に到着した。当地の宿泊所は、県知事の斡旋にて、知命堂病院長の瀬尾原始の邸宅となった。瀬尾宅では両将をもてなすため庭に雪室の雪を運び込み、雪で灯籠を設け火を点じ歓迎したという。翌二十三日九時半、東郷大将、上村中将は高田中学校において市内の中等学校生徒三千名を対象に講話がなされた。この様について江坂熊蔵は東郷大将と題し、「平常未脱旧軍装　満面英風厳粛霜」と詠じている。日露戦争が終結して間

東郷平八郎、高田農業学校に揮毫（高田農業高等学校蔵）

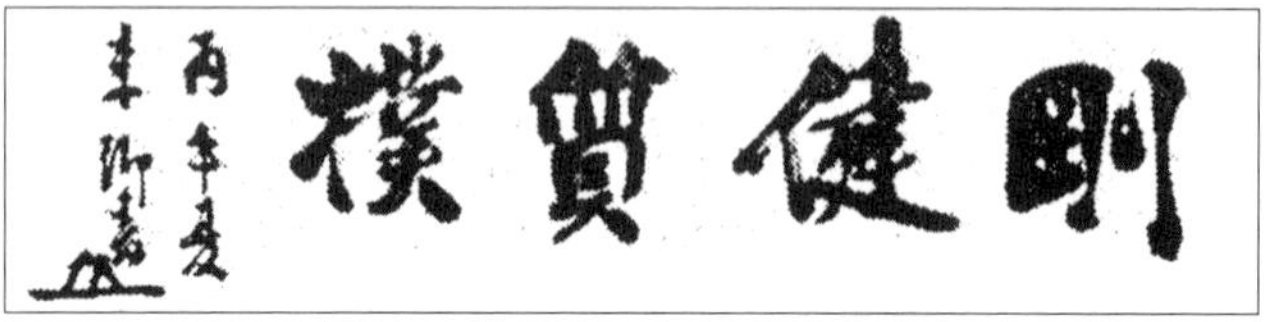

東郷平八郎、高田師範学校に揮毫

もないこの時期、両将、直々の講演であり、聴衆者は血湧き肉踊る感をもって耳を傾けたに相違ない。

この機に、田川高田中学校長は両将に揮毫を求めた所、東郷は「至誠」、上村は「唯一心」と大書してくれた。なお、東郷には、校友会誌の誌題として「修養」との揮毫も得ることとなり、本誌は、しばらくの間「修養」の名で発行されてきた。高田農業学校には、墨色鮮やかな「勧農」、「農本」と記された二幅の偏額が伝わる。前者は東郷が、後者は上村が筆をとったもので、同校校長山崎熊太が両将より揮毫を得たものである。これらの在校生・卒業生から敬仰されてきた。

高田師範学校第三代校長太田秀穂も東郷から「剛健質朴」と記した書を得ることとなった。後に高田師範学校では、東郷の「剛健質朴」に「公明正大」（野村素介揮毫）及び本校の創設当初よりモットーとしてきた「Do Your Best」をもって、大正初期には三大校

戦艦「三笠」（一五二〇〇噸）

訓となった。そしてこの三大校訓は、校歌や寮歌にうたわれ親しまれ、教師としての行き方の指針ともなってきた。

なお、同校教諭平野秀吉は、東郷の揮毫は、瀬尾宅でなされたもの聞いていると、同校の校友会誌『春日山』（三二號）に記しているが、この記録によれば、講演会の前夜、早々に揮毫を得たことになる。

再び、先に依頼した表忠碑篆額の件に戻る。東郷らの来臨後、田川校長は、「先般本校へ御来臨の節記念の為め撮影仕候写真一葉……御揮毫被成下候本校修養会雑誌表紙今度印刷仕候に付別便にて一部進呈……」と写真及び修養会誌の送付に併せ、篆額の揮毫の催促をしてきたが、東郷からの返事はなかった。再度にわたって懇請した結果、副官から先に揮毫した「至誠」の二文字を使用してはどうかとの手紙が届いた。だが田川校長は、引きさがらずぜひとも揮毫してほしいと、またまた懇望し

玉井力三画「三笠艦橋の図」
上越市立春日新田小学校蔵

東郷平八郎、自宅において「三笠艦橋の図」に揮毫

た。年が明け四十年二月十八日、待望の書が届き、めでたく東郷平八郎の書になる表忠碑、紀恩碑、表忠碑両碑の除幕式を二ヶ月後の四月二十二日に行なうことができた。

　上越市春日新田小学校には、中頸城郡柿崎町出身の画家玉井力三が描いた「三笠艦橋の図」が伝えられる。本図は、連合艦隊司令長官東郷平八郎が旗艦「三笠」の甲板において日本海海戦の戦闘指揮をとっていることで知られる。本図は、海軍省の嘱託画家東城鉦太郎が描いた原画を複画したもので、F八〇号（縦一五六センチ・横一九八センチ）に及ぶ大部な作品であり原画と間違えられたエピソードも秘めている。なお、原画は大正十二年の関東大震災で焼失したが、再度、東城鉦太郎画伯が筆をとり同十五年に完成に及んだ。現在、横須賀市の「記念艦三笠」に置かれているという。

本画を当校に納めたのは、有田村上源入の旧家であり学務委員を務めていた藤井恕亮(後に有田村長)による。藤井は、東郷の偉業を次代に伝えるために「三笠艦橋の図」の複画を玉井力三に依頼し、これを東郷の私宅に持参し、彼は揮毫を得たものであり、同校の「学校沿革誌」(註、昭和四年の事項)に、次のように見えている。

五月十日
元帥東郷平八郎閣下を学校長及び学務委員藤井恕亮氏と共に訪問、時に午前十一時、用件日本海々戦八十号油絵に御揮毫依頼す快諾を得、来る十二日再訪問いたすことと し辞去す
五月十二日
学校長学務委員藤井氏と共に午前九時、東郷閣下訪問。日本海海戦額面に(玉井力三氏画、柿崎の人也)皇国興発在此一戦各員一層奮励努力の揮毫と署名を得、辞去。時に十時十分
六月二十六日

日本海々戦の油絵額、額縁を藤井恕亮氏より寄付される。髙田商工校作製金拾円なり、六月廿八日に掲ぐ

ともかく東郷が描かれた油絵の中で、東郷直筆の揮毫がなされているのは、全国でも珍しいということで、この作品は、昭和十一年の富山市で開催された万国博覧会始めとして各種展覧会において依頼を受けて貸し出されてきた。戦後、本図は難をさけて人知れず保管され難を免れたが、その所在が忘れかけられてしまった。本図が再び人の目に触れることができるようになったのは、昭和六十年四月に着任した渡辺文雄校長(国府二在住)の尽力による。彼は、三笠艦橋の図が何れかの場所に密かに格納されているものと調べ、無事に見つけ出すことができた。調査の過程において、東郷が油絵に揮毫をすませ自宅の応接間でくつろぐ姿の写真も別の所で発見することができたことは大きな収穫であった。この写真は、東郷の晩年の平服姿であり、しかも東郷の邸宅内を写した写真が殆どないことという貴重なものであり、東郷記念館から請われ納められている。なお、東郷に揮毫を依頼した藤井恕亮であるが、東郷と親交があった剣術家藤野雷風は、藤井とも親しく藤井は藤野を通し藤井は東郷に会ったり、書簡のやりとりがなされてきたとこのとである。また、東郷の屋敷の手入れは、有田村出身の庭師に任せられていたが腕が優れ律儀な人柄であり東

郷の信頼を得ていたという。

大正十三年三月十二日、有田村において東郷の講演会が開催される運びとなった。残念ながら東郷は、急用ができ来られなくなり、東郷の代りに出羽海軍大将と川村陸軍元帥が有田村を訪れ、藤井宅に二泊することとなった。後日、東郷は訪れ得なかった心残りの気持ちを自身の軍服に託して同村在郷軍人会に送り届けた。残念ながらこの軍服は終戦の混乱期に不明になってしまった。

なお、有田地区と言うと、有田村役場の地は東郷の書になる、「表忠碑」が置かれていた。本碑は、高さ五メートルにも及び裏面に「昭和五年仲春建之」とある。「三笠艦橋の図」が小学校に納められてから一年足らずのことであった。戦後この地は、直江津第二中学校用地となり、次で県営住宅地となったが、本碑を望むことができ往時を偲ぶことができる

現在、東郷平八郎元帥を祭神として祀り、東郷神社と呼ばれるものは全国に三箇社ある。この三箇社の創建について見れば、戦前、一社、戦後、二社となる。東郷死去間もなく、東郷を軍神として祀ろうという議が全国各地、各方面で興った。このような動きの中で、神社建設に関する期成同盟会など組織の結成し、請願についての決議、上申、陳情など具体的な動きを示したものとして、有田村の藤井恕亮によるものを含み、次の五件があった。

東郷平八郎揮毫の春日山神社の社名碑

兵庫県明石市船町　（安藤幹之介）
新潟県中頸城郡有田村　（藤井恕亮）
大分県別府市　（甲斐大蔵）
岐阜県安良田町　（佐藤市太郎）
朝鮮　（山本悦蔵）

昭和九年六月、海軍大臣は各界の顕要の士を招集し、東郷の記念事業について意見を求めたところ、「記念事業は国民的事業とし、事業内容は神社の創建、記念館の建設、銅像の設置を行う。神社は、中央一社とし、地方的なものは許可しないよう内務省に申し入れる。但し、鹿児島は東郷の生地につき例外とする」となった。九年十二月、財団法人東郷元帥記念館設立の許可が内務、海軍、文部の三省から出され、翌年一月、内務省内に開設された。東郷神社は、東京市渋谷区原宿（神宮前一丁目）に設置されることになり、昭和十二年九月に着工、十五年五月二十八日に完工し、鎮座式を挙行した。戦争の激化に伴い空襲にさらされ十九年十一月二十七日、二十年五月二十五日の二回の空襲によって焼失した。

戦後、宗教法人として三十九年五月二十八日、復興完成奉告祭並びに神忌三十年祭が執り行われ、外国武官も参列して「世界の東郷」であることを印象づけた。なお、宗教法人令に準拠して新たに創建された東郷神社として、埼玉県飯能市吾野東郷神社、福岡県宗像郡津屋崎町の東郷神社の二社がある。

所で藤井が企図した東郷神社はどのようなものであったであろうか、今後、関係文書などの発見が期待されることを願っている。推測の粋に過ぎないが、藤井が想定していた有田村の東郷神社の位置は、現在「表忠碑」が置かれている所ではなかろうか、なお、神宝として「東郷の軍服」が想定していたのではなかろうか。

この外に市内における東郷の足跡として、春日山神社の入り口に神社の名を記した大石碑を目にすることができる。本碑の表面には、「春日山神社」、「元帥大勲位伯爵東郷平八郎（花押）」と刻されており、裏面には、「寄付人　本町三　杉田新次郎・願主　小川三郎・昭和十二年五月」とある。東郷の死去は、昭和九年五月三十日のことであり、碑の建立は、東郷の没後のことになる。肝心の題字については、かねてより有田村の藤井を通して入手されていたものと思われる。

金谷山和親会墓地に、旅順港閉塞作戦に於いて散華した海軍中尉内田弘の顕彰碑があるが、その題字は東郷によるもので「内田君戦没碑」と刻まれている。本碑の撰文は、会津藩の碩学者南摩綱紀によるもので、内田の人となりについて五百余字をもって述べ、「露國雖大　敵兵雖強　連戦連勝　我武維揚　旅港閉塞　捉古竒□　乃烈乃忠　一死報國　厥名載史　千歳相傳　死骨不死」と、讃が記されている。碑に接して建てられている内田の基碑には、「明治四十年三月之建」と見え、顕彰碑もこの頃建立されたものであろう。

付　記

平成十四年五月、退職公務員上越支部の総会の折りの卓話して貰えないかと幹事の方から依頼があった。日頃、お世話になっている方からのお話でもあり、お引き受けすることとなった。

会員の構から年配の方がおられるし、卓話の碑は日本海海戦が行われた五月二十八・九日に近いので、東郷平八郎を取り上げることとし、題は、「頚城における海軍元帥東郷平八郎」とした。

何とか話を済ませて、折角の機会であり、皆さんの知っておられることがありましたなら、教えて頂きたいとお願いした所、後日、次のような資料を頂戴したので記しておく。

「上越一のうまい富川の米」（上富川）　梨本篠吉（八十八歳）

富川は上越の東南端に位置した集落だが、この集落から生産される米が七十年前に、味は上越一と立証されたのを知る人が少ないであろう。

一世紀の昔、日露戦争で世界最強のロシアバルチック艦隊を対馬海峡で全滅させた東郷元帥、世界の人々を驚嘆させた英雄の話は、戦前の教育を受けた人なら誰でも知っている。大正の中頃、高田市は英雄東郷元帥に揮毫をお願いした。このお礼について高田市を中心に関係町村長、全地域の検査員を集めて協議した。結論は地元の米ということになり、品質と味の良い富川米を贈呈と満場一致で決定された。

この出荷については、富川担当の検査員中島さんに一任した。この光栄と重責を担い、地域に戻り平素から検査成績優秀な二人を選び出荷を委託した。髙島宗治さんと梨本玉吉、玉吉は自分のおやじである。二人はこの信頼に応えたことはいうまでもない。

このような経緯があって富川米は英雄の東郷さんから食味をして頂いたのである。しかし七十七年後の今、知る人もいない。関係者は皆黄泉の人である。（東郷家からは感謝状と

木杯が届けられ、今も大切にしている)

「松藾」(第二八号) 上越市老人クラブ連合会 (平成十一年)

《参考資料》
・渡辺文雄氏談話 (「三笠艦橋の図」に東郷が揮毫に応じた経緯、藤井と東郷との関わりについて)
・『知命堂百十年史』森川政一著 (昭和五十七年七月一日)
・『農本』新潟県立高田農業高等学校卒業生会編　新潟県立高田農業高等学校 (平成二年十二月二十六日)
・『公孫樹下の八十年』公孫樹下八十年記念誌編集部　公孫会 (昭和五十七年九月十五日)
・『高田高等学校百年史』高田高等学校百年史刊行委員会 (昭和四十八年十月十五日)
・『思い喜び、あすを聞く―春日新田小学校創立百二十周年記念誌―』同校記念事業実行委員会 (平成五年)
・常広栄一「東郷元帥の揮毫がある三笠艦橋の図」『東郷』(二一五号) 東郷会 (昭和六十年九月一日)
・壱岐　春「東郷元帥を祭神とする社寺」『東郷』(二一七号) 東郷会 (昭和六十年十一月一日)
・土屋一之進「〈天気晴朗なれども波高し〉の真相」『歴史読本』(昭和六十年十月号) 新人物往来社 (昭和六十年十月一日)

《初出》
海将東郷平八郎が頚城の地に残したもの「支部会報」第二五号　新潟県立高田高等学校校友会東京支部 (平成十三年十一月一日)

四、岡倉天心 小林古径を育て赤倉の地を愛した

明治美術界の恩人岡倉天心（名は覚三）は、文久二年（一八六二）横浜に生れる。父勘兵衛は福井藩の貿易商であった。

明治八年（一八七五）、東京開成学校に入り、一〇年、同校が東京帝国大学となるや文学部で政治・理財学を学んだ。大学在学中にフェノロサに出会い美術の道に進むこととなる。一三年（一八八〇）、卒業。卒業するや文部省に出仕し、図書取調掛委員となり、ヨーロッパに赴き、帰朝後、東京美術学校の開設に尽力し、二三年（一八九〇）から校長となる。次で日本美術院を起こし、狩野芳崖、橋本雅邦、横山大観、下村観山、菱田春草、安田靭彦、小林古径、前田青邨等多くの日本画家の育成に尽してきた。この間、中国、インドを旅行し東洋美術の見聞を広め、多くの有識者と交流を深めてきた。

右、岡倉天心像（写真）
左、平櫛田中作岡倉天心像（部分）
後出、「天心六角堂」に安置

二七年（一八九四）からボストン美術館東洋美術部長を務め、日米間を往復した。『東洋の理想』、『日本の目覚め』、『茶の本』を英文で出版し優れた日本の美術を紹介すると共に東洋美術の意義を強調した。

明治の末、岡倉天心は赤倉温泉の地に別荘を設け、年々避暑に訪れ、大正二年（一九一三）、病気療養ということで赤倉に滞在し、五二歳の生涯を閉じることとなる。今日、山荘の入口に横山大観・下村観山らによる「天心岡倉先生終焉之地」碑、小杉方庵の顕彰標識及び平櫛田中作天心像を置く六角堂がある。

現在、天心の理想を伝えたいと妙高高原町と東京芸術大学前学長平山郁夫画伯らによって「平山郁夫世界文化芸術交流センター」の開設を目指して計画が進められている。

所で、世界を舞台に活躍してきた天心が如何なる因縁のもと当地と関わりをもつようになったのだろうか。

赤倉山荘入居とその暮らし

先年、『岡倉天心をめぐる人々』（以下、『めぐる人々』）が刊行された。本書は、天心の長男、岡倉一雄が昭和一八年（一九四三）に発刊した『父天心を繞る人々』の再版書である。再版者は一雄の長男の岡倉古志郎による。

原著者の一雄は若い頃、「高田新聞社」において貴社を勤め、天心が赤倉に山荘を開いた明治四四年（一九〇七）の年、レルヒ少佐と共にこの地を訪

妙高山麓の惣滝不動の前での
レルヒ大佐と岡倉一雄（小熊和助撮影）

ねている。一雄は、子供の名に「越国」から「古志郎」、「妙高」に因んで「妙」と名付ける程、この地をこよなく愛していたと伝えられる。

前置きはその位に止めたい。本書の巻末に、古志郎は「父天心を繞る人々と著者である岡倉一雄について」と題して本書の解説を付しているが、その中、「赤倉山荘」について次ぎのように記している。

（略）三九年（一九〇六）五月、天心は家族同伴で越後の高田から赤倉に旅行したが、赤倉がいたく気に入り、早速ここに土地を買い入れ、高田の料亭富貴楼の建物を購入、移築した。こうして、十人は入れる大きな浴槽のある温泉つき山荘が八月中旬には完成した。以後天心は毎夏をここで過ごしたが、一時は日本美術院も赤倉に移そうと策して大観、観山らを恐怖させたこともあったほど気に入りようだった。奇しくも七年後には、天心自身がこの山荘で生涯を閉じることになったのである。（略）

（註、八月中旬とあるのは、四〇年八月であろう）

天心は、「赤倉山荘」の完成を目前にして、米山氏夫人となった娘こまちへ、次のような手紙を送り、来遊を勧めている。

此頃如何に候や。父事病気最早全快、日々釣竿を友として暮し居候間安心可被致候。例のあづまこ―と段々後れ居候処、今頃は松やより御送り候筈に候。仕上りの模様一覧不致候て送り候間、気に入らず候はば送り返し被下度、別に工夫も可致候。諾威（Norway）の紫水晶帯留も、来月上旬出来の筈に候。月末には東京に帰り、来月四五日赤倉に参り候。赤倉普請も八月中旬には略出来上りの見積りに候。家の背には妙高山、神名山、黒姫山、伊須那山の高岳翠屏に廻し、左は遠くは佐渡の島を見渡し、前には米山等の連山に臨み候。家にはたまの如き温泉、瀑布の如く流れ出し、庭の前には山川流れ居り、天下の超勝に候。其内一覧可被致候。

辰夫様へ宜敷

父より

こまち―へ

ま丶さんは大食例の如し。御安心被下度

小包は院へ届き候由に候。

（『天心全集《書簡》』日本美術院、大正一一年刊）所掲

高田町の旅舎三友館（『北越商工便覧』）

かくして、天心及びその家族が高田に旅行した際に、赤倉を知りこれが気に入り、四〇年八月には、「赤倉山荘」が完成し、天心は毎夏、赤倉で過すことになった。所で如何なる事情により赤倉の地に天心を呼び寄せたのであろうか。

天心の年譜三九年の項を見ると、彼の代表的な英文著書である『The Book of Tea』（『茶の本』）が公刊されることになり、仕事の一段落がついた天心は五月にアメリカより帰国した。

同月、『茶の本』が脱稿したと言う安堵感もあってか、天心は先祖の地である福井を訪れ、その帰路高田へ立ち寄ると言う家族を伴った旅に出た。このような家族旅行は、天心の妻其子が創案したもので岡倉家においては、しばしば行なわれてきたと言う。（『めぐる人々』）。

一行の高田の宿は、上職人町（大町三）の三館一郎次の「三友館」であった。一郎次は、旅館を経営する共に信越線工事に携わった鹿島組の鹿島岩蔵の協力を得て赤倉温泉の開発に意を注いでいた所であった。一郎次は、天心に熱ぽくこのような事情を披露したことが彼の赤倉詣となったものと思われる。なお、赤倉の「香嶽楼」は一郎次の建設になるもので後年、尾崎紅葉が来遊し、越後紀行文『煙霞療養』で世に知られるようになった。

再度、天心らが高田に訪れ、赤倉の地に注目するようになったか、その直接的な契機について思い馳せてみた場合、三館一郎次の養父に当たる三館一郎の存在に行きつく。

三館一郎は高田に生を受け、実業家として活躍することを夢に上京し、明治末期には手広く事業を展開することができた。京橋区大鋸町の「静香堂」と称する書画・骨董店もその一つであった。この静香堂は明治三一年度の「日本全国商工人名録」古書画商の部に登場している。大倉喜八郎は、新発田の出身で同郷の友誼と言うこともあって「大倉集古館」の所蔵品中に、一郎が納めた品も見られると言う。さらに上野公園内の財団法人日本美術協会会館の隣に、「常盤華壇」と名付けた料亭も経営していた。この料理店は、「上野精養軒」と名声を競っていたが関東大震災で惜しくも焼け落ち廃業に追い込まれてしまった。「常盤華壇」については、『下谷大繁盛記』（大正一三年刊）に次のように記されている。

常盤華壇は、最も旧き料理店にして、上野公園桜ヶ岡を背景として前面浅草・本所・深川方面を一眸のもとに集めたる如き、既に位置に於て他に勝れるものあるを見るべし、加えるに建坪階下二百七十坪、階上二百三十四坪余ありて、如何なる宴会をも引き受け得べく、設備も亦よく整頓せり、さらば区内三大日本料理店の一として、市内屈指の大料理店として著聞す

このように三館一郎は、京橋の古美術店「静香堂」或いは、上野の日本料理店「常盤華壇」を通して天心と知り得る機会があったものと思われる。なお、天心及び基子夫人は今風で言えばグルメ愛好家であった（『めぐる人々』）。これら三館一郎、一郎次父子に関わる記述については、三館家と姻戚関係にある西澤稜威雄（東京在住）の『交易・交遊の旅―雪国高田からの三代記―』及び『人間交流術』両著を参考にした。

ともかく、天心は赤倉に足を延ばすこととなった。天心は、妙高・神奈の峰を背にし、眼下に広がる頸城平、はるか日本海を望むことのできる雄大な風景が気に入った。或いは、天心がこれまで目にしたアジアの風景と重なるものがあったのかも知れない。天心は即座に山荘を建設する意を決した。

山荘の山地や富貴楼の購入の斡旋、赤倉への移築など様々な折衝に当たったのは、高田

の水科啓次郎であった。現地の工事監督は、地元の遠間和吉が当たった。山荘が出来上ると、引き続いてその管理者となり、天心の滞在生活の世話、冬期の管理などに当たってきた。山荘では、乳牛数等及び鶏数十羽が飼われ、自給自足が図られ、来訪者のもてなしに供された。また、山荘には池があり、蘭草が茂り風情を添えていた。これらの世話や手入れも和吉によってなされてきた。

なお、先の《十人は入れる浴槽》についてであるが、次のような逸話で知られる。「自慢の浴槽は縦二間、横一間、高田城々門の塀板で作られていた。これより先、明治一九年頃、陸軍省は焼け残った城門などを払い下げている。因みに、この浴槽は老朽のため山荘を離れ、部材は箱型火鉢に再利用され、陶芸家斎藤氏の所蔵となっている」とのことである。(『上越教育大学院だより』《上越春秋・美術④》川村知行)

岡倉天心荘

話は前後するが、一雄は、父天心の代理として高田に残り、水科家との連絡に当たり山荘の進捗を見守ってきた。水科家に出入りが重なると一雄は、啓次郎の次女カウを見初めるに至った。天心は寛容であったが妻の基子の意に沿わず勘当当然となり、二人は寺町の寺の離れで新所帯を持つに至った。ともかく生計を立てなければならず「高田新聞」の記者となってしばらく当地に止まることとなった。（『めぐる人々』）

天心終焉の地となった赤倉山荘

大正二年（一九一三）八月七日、天心は法隆寺壁画保存法を建議して間もなく、持病の腎臓病が悪化し、一六日、家族に伴われ赤倉山荘で静養することとなった。天心の診察に当たったのは、知命堂病院長の瀬尾原始であった。二三日以来、尿毒症を併発し昏睡状態が続き、病状は悪化の一途をたどった。没する前日、枕頭に控えている人々に、「諸君は一日も早く癒し度いと種々看護して下さるが、今度こそは到底駄目らしい。然し諸君の御親切には感謝致します」とお別れの言葉を述べ、九月二日午前七時三分に逝去した。五二歳であった。

天心六角堂
（平櫛田中作の天心像が設置）

その日の午後、遺骸は温泉組合長広島屋主人久松の手によって造られた柩に納められた。次で柩は、令息一雄以下近親者、横山大観ら恩顧を受けた人々に見送られ、白装束、足袋はだし姿の温泉組合の人々によって田口駅（妙高高原駅）に運ばれた。駅頭では人々の最後の見送りがなされ、午後七時発の列車に乗り込み翌三日、午前八時二十五分上野に到着した。

葬儀は七日、谷中斎場で営まれた。法名、釈天心。宮内省より従四位勲五等双光旭日章が贈られた。次で一一月一六日。東京美術学校講堂で追悼法要が挙行された。翌大正三年三月、赤倉山荘に「岡倉先生終焉之地」の碑が建立された。

五、夏目漱石 大患を救われた森成麟造との交流

夏目漱石は、明治四三年（一九一〇）六月一四日、胃潰瘍の治療のため東京内幸町の長与胃腸病院（院長、長与稱吉）に入院し、七月三一日、ひとまず退院し、病後の養生として八月六日、伊豆の修善寺温泉に出発した。漱石の修善寺に於ける闘病記録は「修善寺大患日記」の名で知られる。

日記の八月八日に、「雨。五時起上厠便通なし。入浴。浴後胃痙攣を起こす。不快堪えがたし。一二時又入浴又ケイレン。漸く一杯の飯を食ふ。八時過帰りて服薬。一時間半過入浴又服薬。忽ち胃ケイレンに罹る。どうしても湯が悪い様に思ふ。半夜夢醒む、一体に胸苦しくて堪へ難たし」と、静養に入ってみたが、病状が一向に好転しなかった様子を記している。

夏目漱石

森成麟造

病状が悪化する中、自己を客観的に見つつも時折、感情を吐露している。一二日には、「胆汁と酸液を一升ほどはいてから漸く人心地なり」と冒頭に記し、「半夜一息ずつ胃の苦痛を区切ってせいせいと生きている心地は苦しい。誰もそれを知るものはない。あってもどうしてくれる事も出来ない。膏汗が顔から背中へ出る。」と、苦しみの感情の滲んだ記述が見られる。そして一六日、「苦痛一字を書く能わず。」とのみ記し、一七日、「吐血、熊の膽の如きもの」とあるように急変し重体に陥った。

　この時、東京朝日新聞社の依頼で長与病院から派遣され、漱石のいわゆる「修善寺の大患」の診察に当たったのは、森成麟造であった。麟造は、当時の状況について「漱石さんの思出」の中に次のように記している。

「当時、長与病院長は、病気で引きこもり中で、ともかく私が行くことになった。取り次ぎ人は、御苦労ながら行ってくれ、ついでに温泉に浸って二、三日保養してきたまえと言うことであった。汽車はヒタ走りに東海道を駆け上る。それでも私達には緩散漫歩の様に思われた。これは過日の東海道大水害の為めで一両日前ようやく復旧し全通したばかりである。…それでも私達は午後五時頃菊屋本店の玄関へ下りたった。とりあえず女中に導かれて、漱石さんの室へ通る、一五畳敷の中央に仰臥しておられる。（中略）診察に取り掛かった私は、オヤッ？　と内心に絶叫した。病勢甚だ険悪の兆しが見えたからである。大患前―私はハタと困惑し全くジレンマに陥った。この険悪の状態にある患者を振り捨てて、帰京出来ようぞ…一両日の予定でかつ時間切迫の関係で同僚諸君にろくろく引継ぎもせずにきた…私は全く窮し適応の進退に行きずまった。…院長に宛て　ナツメ　ヤマヒキケン　ボクカヘルヤイナヤ　モリナリと打電した、折り返して　ソノチニ　トドマリ　カンゴニドリョクセヨと厳命的な返電を受け取った。ヨシ　あく迄頑張って最善の努力を試みよう、それにしても一人では懸念だから、一応、大家の来診を求めて今後の対策を講じようと決意した。…病院に

宛て
フクインチョウノ　ライシン　タノムと打電した。」
一方、漱石の病状については、八月二三日の条に、「おくび生臭し。猶出血するものと見ゆ。」とあるように厳しく、翌二四日、大量の出血をして人事不省に陥ってしまった。以後、漱石の日記は九月七日まで途絶え、この間、鏡子夫人によって書き続けられることとなった。
麟造の「漱石さんの思出」で漱石が人事不省に陥った二四日当時の模様について記してみる。漱石の苦しむばかりの記述で気がひけるが、実際に治療に当たった医師の生々しい記録である。

「二四日午後、杉本副院長が来診され、責任の一半を解除され、肩の重荷を下ろした様な感じもした。杉本さんはすこぶる呑気な顔で大丈夫です。間もなく帰京できますよと断言したので、一同愁眉を開いた様に見受けられた。杉本さんと私がひと風呂浴びて暫時休もうとした刹那《誰か来て下さいよ、森成さん―》と奥さんの声がした。周章狼狽して駆け付けた時は真紅の血が迸り散って、目もあてられぬ。室の中央に奥さんの膝に俯臥しておられる蒼白の漱石さんを見出したのである。（中略）仮死―私はとっさに漱石さんに寄り添って、無意識に手を取った。かねて用意の注射を準備しつつ、《お気分は如何ですか》と問うて見た。目を閉じたまま《ハア楽になりました》と微かに返答があったのでやや安心しながら注射した。杉本さんも手伝って、ともかく漱石さんを蒲団の上へ安静に寝かし、様子如何と看守って約一〇分位経ったと思う頃、再びゲーッと響く乾嘔と共に反側して仮死の状態に陥り、脈搏がバッタリ止まってしまつた。サアー大変、万事休す、私は胸中掻きむしられる如き苦悶と、尻が落ち付かない様な不安とに襲われ、全身名状すべからざる一種の圧迫を感じた。…瞬間反発的に度胸がクソ落ち付き落ち付き払った。…ドカッと胡坐をかいて猛然ブスリブスリと注射を施した。コレデモカコレデモカッと力をこめて注射を続けた。」

後日、森成医師は漱石に施した注射の数は、確か一六筒であったと語っているが、これについて鏡子夫人の二四日の記事の中に、「夜八時急ニ吐血、五〇〇ガラムト云フ、ノウヒンケツヲオコシ一時人事の不省カンフル注射一五、食エン注射ニテヤ、生気ツク皆朝迄モタヌ者ト思フ」とあり麟造の記憶と一致する。さらに麟造の「漱石さんの思出」を続ける。

「病人の腕を握って、検脈して居られた杉本さんは、突然、《脈が出て来た》と狂喜して叫ばれた。成程小さい脈が底の方にかすかに波打っているではないか。此時の喜び、此時の気持、只々両眼から涙がホロリホロリと滾れ出るのみである。…然し次ぎの不安が心底から涌き出た。…此侭順調に□復し得るであろうか…子供衆に一目なりと逢わすべきや否や、この相談は勿論獨乙語であるが、注射を続け乍ら杉本さんと私との間に応酬されたのである。突然病人は、瞳を視張って私を視詰めながら《私はまだ死にませんよ》と云って再び瞑目した。…悲劇喜劇の衝突とは正にこの場面である。一同に歓声が揚がり、宿屋全体が万歳で揺れた。奥さんは枕頭に、坂元さん（注、漱石の教え子朝日新聞社に勤務）と私は漱石さんの両手を握ったまま夜を徹し、杉本さんは心配顔に夜二、三回診察された。…其後は私は病人に関する一切を引受けた。看護婦が来着する迄の二日間は全く無我夢中で働いた。…心神全く綿の如く疲れ果てて、時々目暈さえ覚ゆるに至った。」と記され、麟造が懸命に漱石の看護に当たり危機を乗り切った様子が知られる。

なお、鏡子夫人の二五日の記録でも「朝容態聞ケバキケンナレドゴク安静ニシテ居レバモチナオスカモ知レナヌト云フ」

とあり、ひとまず安堵した様子が知られる。
小康を得た漱石は、九月八日より日記の記述を再開した。

「goodness（善）、peace（平和）、calmness（静穏）、out of struggle for existenece（生存競争裡から脱す）」

そこには安堵したことの喜びが漱石流で記されているように思われる。原文は英語のみで書かれている。続けて周囲の人々の看護にたいして「ただ勿体なし」と記している。漱石はその後も日に日に恢復して行く様子、麟造の食事療法についての指示とそれに対する漱石の気持を記している。

「九月一〇日、昨夜森成氏と禁烟の約をなす。今朝臥して思うさのみ旨くなけれど夫程害にならぬものを禁ずる必要なし。食後一本宛にす。」。「九月一三日、四時頃突然ビスケット一個を森成さんが食わしてくれる。嬉しい事限りなし。」、「九月二三日、粥も旨い。ビスケットも旨い。オートミルも旨い。人間食事の旨いのは幸福である。其上大事にされて、顔迄人が洗ってくれる。糞小便の世話は勿論の事。これを有難いと云わずんば何を有難いと云わんや。医師一人、看護婦二人、妻と外に男一人付添うて転地先にあるはきごう崋族の贅沢なり。」、「九月一六日、重湯葛湯水飴の力を借りて仰臥、静かに衰弱の□復を待つはまだるこき退屈なり、併せて長閑なる美はしき心なり。年四〇にして始めて赤子の心を得たり。」

ここに見える水飴は高田の水飴であろう。

その後、飴については、

「一〇月二〇日。ひるから気分よし。氷依然。水飴。氷を嚙む」、「一〇月二六日。森成さんが越後高田の翁飴をくれる。一日三つ許される…」、「一一月五日。森成さんが越後の笹飴をくれる。雅なものなれど旨からず…」と再度登場する。

「九月二四日、午飯後髭をそり髪を梳り脱糞、衣服を着換へ新しい毛布を懸ける。腹へる。森成氏へ訴へる。拒絶。」

二五日には次の俳句と漢詩が記されている。その内、漢詩については、麟造に充てて書いたものである。

・古里に帰るは嬉し菊の頃
風流人未死　病裡領清閑
日日山中事　朝朝見碧山

この日は、漱石の状態がかなり安定したと思われる。漱石は、鏡子夫人から闘病中の様子をつぶさに聞き日記に、「九月二六日、病床のつれづれに妻より吐血の時の模様を聞く、慄然たるものあり、危篤の電報を方々へかけたる由、妻は五・六日何も食わなかった由、森成さんも四・五日ほど飯も食わずに休息せざりし由。顧みれば細き糸の上を歩みて深い谷を渡った様なものである。」と、妻鏡子、森成医師の献身的な看護の様子を記し言外に感謝の気持ちを表している。

再度、麟造の「漱石さんの思出」に戻って、麟造が漱石の退屈を慰める配慮について見てみよう。

「或る日、山に登った。…帰途藪の中から木通の実を五つ六つ採取した。漱石さんは皿や紫青色の通草《あけび》の殻を手に取って、アッチコッチ捻ね繰り廻して、凝視しておられたが、其言草は面白い。《コンナ色の青磁の鉢へ羊羹を入れて食たい》大いに同感である。…私は此殻の中の甘い肉漿を椋鳥や鴨が啄み去って、脱糞により遠隔の地に運搬幡種するのでひっきょう共存共栄の自然の原理に外ならぬと得意然と説明しているかたわらから、漱石さんは我々は修善寺で食べて、修善寺で脱糞するから、貢献は劣ると、半畳を入れられたので、一同洪笑した。かような風に我々は…梅林公園、一本松遊園地、奥の院、範頼の墓等を見て来ては漱石さんに報告した。勿論そのたび桔梗、女郎花、紫苑等の草花の土産は忘れなかった。」

この事について漱石の日記では、「一〇月六日、昨日森成さん畠中入道とかの城跡へ行って帰りにあけびというものを取ってくる。ぼけ茄子の小さいのか葡萄のつるになつてゐる様也うまいよし」とある。

麟造の漱石の看護は、修善寺に着いた八月一六日から一〇月一一日までの五四日間にわたっていた。漱石は、麟造への謝意を表するため、銀座の服部店で拾参円五拾銭で購入した銀製のシガーレットケースに「修繕にて森成国手へ」と前書して「朝寒も夜寒も人の情かな」と自句を彫って贈ったということが漱石の日記に記されている。「国手」とは、名医と言う意である。

麟造は、終生このシガーレットケースを愛用してきた。そこには、「修善寺にて篤き看護を受けたる森成国手に感謝す　漱石」と丁寧な言葉が刻られている。

漱石の病状は、次第に快復に向かい、年末から「思い出す事など」を書き始めた。この作品はこの年の一〇月二九日から翌年二月二〇日にかけて朝日新聞に掲載されたもので、修善寺の大患の回想をしている。

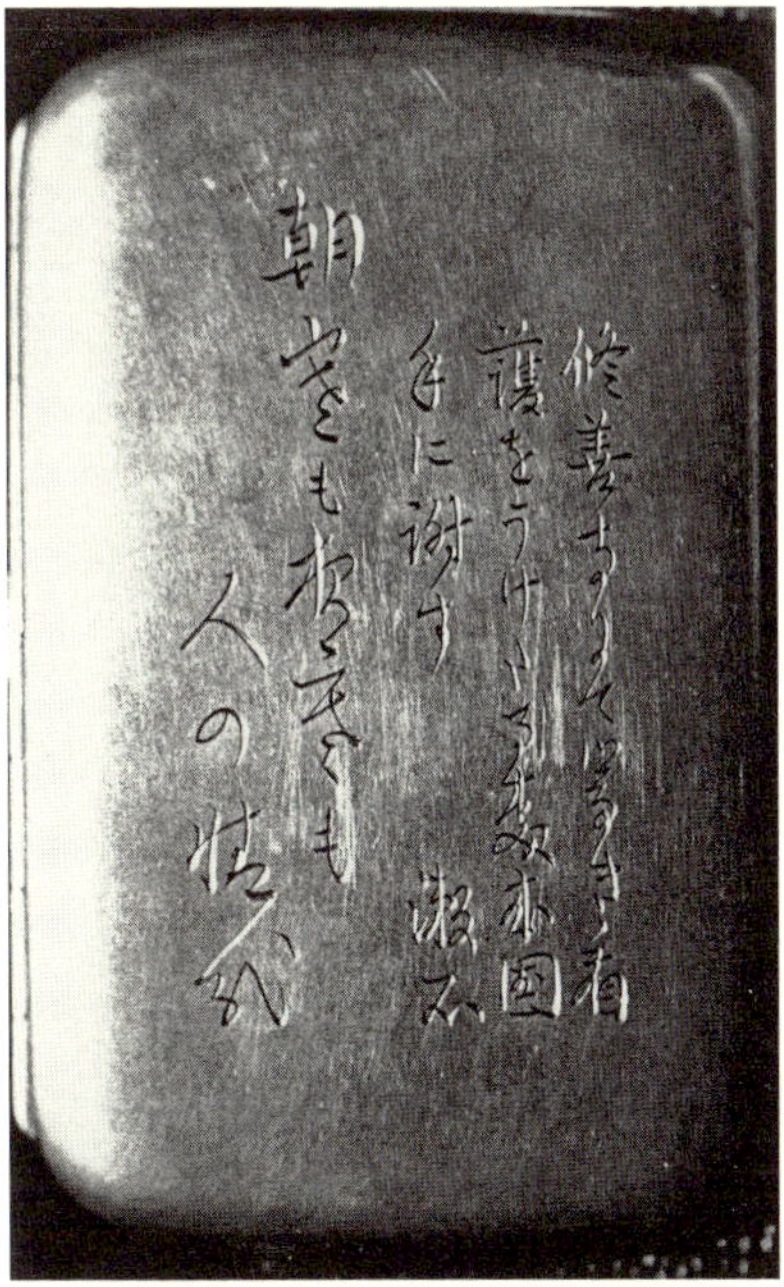

夏目漱石から贈られた服部店扱いの
「銀製のシガレットケース」

翌四四年二月末、麟造は父の計らいで長与胃腸病院の職を辞して高田へ帰ることとなった。

ここで少し麟造について紹介する。麟造は、明治一七年（一八八四）、東頸城郡菱里村真萩平に生まれ、県立高田中学校を卒業し、仙台医学専門学校（現在の東北大学医学部）を三九年

（一九〇六）に卒業し、長与病院の勤務についた。文学に傾倒していた麟造は、同病院で発行していた病院誌『春風』の主幹になり、自身「草履日記」と言う小説を掲載してきた。この小説は、病院の草履が漱石の「吾輩は猫である」の猫の役となり、医師や患者の日常を観察すると言う趣向であった。四三年六月一四日、麟造の私淑していた漱石が長与病院に入院、主治医となり、修善寺では不眠不休の看病に当たってきた。翌年五月四日に結婚、同月七日横町（本町二）に森成胃腸医院を開業した。麟造二八歳の時であった。

開業つかぬ間の六月一日未明に、上呉服町（本町二）の「電気館」と言う映画館より出火して全焼民家七棟、土蔵一棟、半焼・半壊民家四棟と言う大火が発生した。火災の原因は、電気館において「乃木大将一代記」を連続上映したために漏電し出火したと言うことである。麟造の住いの町は、隣町であり幸い難は免れたが一時は心配もされた。

高田の大火を知った漱石は、麟造に簡潔でしかも人間味あふれる次のような見舞状を出している。

「拝啓　高田の横町に火事があったという事を始めて聞きました。みんなが森成さんは焼けやしなかろうかと心配しています。横町という所はどの位広い所か分かりませんが高田の事だから狭いのだろうと云う評判です。其狭い町内から火事が出たんだから森成さんの家も助からなかったと云う結論です。私は此の結論がどうぞそうであれば可いと願って居ます。」

そうこうしている中、漱石は六月一八日、鏡子夫人同伴で長野へ講演旅行のついでに足を延ばして森成家に立ち寄ることとなった。漱石夫妻を囲んで高田中学校長らを迎えての歓迎の宴が「柳糸郷」でもたれた。

六月二一日付の『高田新聞』にこの宴の模様について、「宴たけなわになると《子供は罪がなくていい》という事が話題になった。漱石は、娘さんの通学している学校の先生がある時、《国民は皆な兵隊にでる事を嫌がってはいけません》という話をした所、娘さんは、父漱石が徴兵を免れるために、北海道に籍を移した事を知り手を挙げて、《先生うちのお父さんはいけませんか》と尋ね、先生を弱らせてしまった。」という話をした。因みに上記のことについて、大方の夏目漱石の年譜には、「明治二五年（一八九二）、二六歳、徴兵の関係で北海道後志国岩内郡吹上町一七に移籍、平民となる」と記され、今日では周知の事実になっている。次いで夫人が話を引き取り、「《娘は、家でご飯を五、六杯も食べますが、先生が子供達に、ご飯を二杯食べる人、三杯食べる人と段々に尋ねて、手を挙げさせましたが、娘は、八杯食べる人と聞かれたら手を挙げるつもりであったのに、五杯で終わって

漱《そう》石《せき》氏《し》閑《かん》話《わ》

猫で功名を博した夏目漱石は長野敎育會に招かれて出張《しゆつちやう》されたのを、氏《し》が嘗《かつ》て古事《ふじ》くれた胃病《いびやう》に懼つて生《せい》死《し》の境《きやひ》にも立《た》ち入《いつ》た折主治醫《しゆぢい》として盡力《じんりよく》された、常高田《たうたかた》の森成醫師《もりなりいし》が聞《き》きつけ、牛《うし》に引かれて善光寺詣《ぜんくわうじまゐ》りを逆《ぎやく》に行つて、牛《うし》に引《ひ》かれて善光寺《ぜんくわうじ》から高田詣《たかたまゐ》りに引《ひ》つ張《は》り出《だ》し、十八日奥樣御同道《おくさまごどうだう》で高田《たかた》に立《た》ち寄《よ》られ、面識會旁歡迎の小宴《せうえん》を柳糸郷《りうしきやう》で開《ひら》く、記者《きしや》も招《まね》れて席末《せきまつ》を汚《けが》す、

▽遅《おく》れ馳《は》せに駈《か》けつけると、田川中學《だがはちうがく》菊地農校《きくちのうかう》の先生達《せんせいだち》、氏《し》を取《と》り巻《ま》いて謙信論《けんしんろん》の眞《ま》づ最中《さいちう》、珍客《ちんきやく》が見《み》ゑると必《かなら》ず出《で》るのが謙信公《けんしんこう》、智慧《ちゑ》のないお國自慢《こくじまん》と思《おも》つたが、默《だま》つて傍《そば》から拜《はい》聽《ちやう》する、

▽記者《きしや》は嘗《かつ》て氏《し》の敎授《けうじゆ》を一年間程《ねんかんほど》受《う》けた事《こと》がある、お得意《とくい》のシエークスピーヤのテンペストか何《なに》かで始《はじ》めは猫《ねこ》の夏目先生《なつめせんせい》とは、何《なん》な顔附《かほつき》の人だろう位《くらゐ》の、素見《ひやか》し半分《はんぶん》に出席《しゆつせき》したのが、遂《つ》い面白《おもしろ》いので一年間《ねんかん》ぶつ通《とほ》しで聽《き》て終《しま》ふ、其後《そのご》記者《きしや》は滿洲浪人《まんしうらうにん》となつて旅順《りよじゆん》邊でゴロ附《つ》いて居《ゐ》た時《じ》分《ぶん》、滿韓處々《まんかんしよ〳〵》の旅行《りよかう》の際停車場《さいていしやちやう》でチラと顔《かほ》を見《み》たが、手前《てまへ》も用事《ようじ》があつたので結局《けつきよく》遙拜式《えうはいしき》丈《だけ》けで其儘《そのまゝ》となる、幾年前《いくねんまへ》と變《かは》らぬ古鳥打帽《ふるとりうちばう》に古洋服《ふるやうふく》は殊更《ことさら》に目《め》についた、こんな都合《つがふ》で、當方《たうはう》では善《よ》く知《し》つて居《ゐ》るが、氏は元《もと》より知《し》つて居《ゐ》やう筈《はず》がない、初對面《しよたいめん》の挨拶《あいさつ》にお話《はなし》するど、氏《し》は思《おも》ひ出《だ》したやうにハヽア旅順《りよじゆん》の支店長《してんちやう》と云《い》ふのは貴君《あなた》でしたかと來《く》る、新聞屋《しんぶんや》の支局記者《しきよくきしや》をお店長《てんちやう》は物々《ものもの》しい聊《いさゝ》か屁《へ》古垂《こた》れる、扨《さて》語《ご》を繼《つ》いで素見半分《ひやかしはんぶん》聽講《ちやうかう》は恐《おそ》れ入《い》りましたなアと洪笑《こうせう》

▽記者《きしや》は何《なに》かの事件《じけん》で男泣《をとこな》きに泣《な》いたと云ふことから、大《おほひ》に男泣き論《ろん》が沸騰《ふつたう》し、菊地先生《きくちせんせい》は涙滂沱《なみだばうだ》たるは婦女子《ふぢよし》の涙《なだ》で、怪《け》しからんと水戸《みと》がれば、田川先生《たがはせんせい》泣いた事《こと》はないと佐賀《さが》がる、然《しか》れば此《これ》は如何《いかん》と云ふに、滅多《めつた》に泣《な》かぬが、芝居《しばゐ》や書《か》いたもので現實《げんじつ》に見《み》たら却《かへ》つて結着《けつちやく》を催《もよほ》すか知《し》れぬ所《ところ》にハ ホロリする事《こと》があると云つた風《ふう》の話《はなし》で、強者男泣《きやうしやをとこな》きと云ふ奴《やつ》は役者《やくしや》が無臺《ぶたい》で涙《なみだ》を流《なが》す心理狀態《しんりじやうたい》と全《おな》じく、自分《じぶん》が悲劇《ひげき》の主人《しゆじん》となつたつもりで泣《な》くのだろうに氣《け》がつく、

▼本社《ほんしや》が計畫中《けいくわくちう》にて、不日發表《ふじつはつぺう》すべき各小學校生徒《かくせうがくかうせいと》理想的人物《りさうてきじんぶつ》の答案《たふあん》に關《くわん》する話《はなし》をすると、氏《し》は大《おほひ》に乘《の》り氣になつて、夫《そ》れは面白《おもしろ》い一體子供《いつたいこども》は罪《つみ》がなくつていゝものです、氏のお嬢《ぢやう》さんの未《いま》だ小學校《せうがくかう》に通《かよ》つて居《を》らるゝのが、誰《たれ》に聞《き》たものやら、氏《し》が昔《むかし》流《は》行《や》つた北海道《ほくかいだう》に籍《せき》を移《うつ》して徵兵《ちやうへい》を免《まぬか》れたと云《い》ふのを知つて居《ゐ》て、或時《あるとき》學校《がくかう》の先生《せんせい》が兵隊《へいたい》に出《で》るのを嫌《いや》がつてはいけませんと話《はなし》すると、お嬢《ぢやう》さん早速《さつそく》手《て》を擧《あ》げて、先生《せんせい》うちのお父《とつ》さんはいけませんかと訪《たづ》ねた、先生《せい》も大《おほひ》に弱《よは》らされて、貴嬢《あなた》のお父《とつ》さん丈《だ》けは特別《とくべつ》です、他《た》の人《ひと》はいけませんには、一座腹《ざはら》を抱《かゝ》へて大笑《おほわら》ひ

▼今度《こんど》は奥《おく》さんが話《はなし》を引取《ひきと》られて、一體《いつたい》お嬢《ぢやう》さんは、家《うち》で御飯《ごはん》を五つも六つも頂《いたゞ》くのであるが先生《せんせい》がお飯《はん》を二つ頂《いたゞ》く人《ひと》、三つ頂く人《ひと》と段々《だん〳〵》に尋《たづ》ねて生徒《せいと》に手《て》を擧《あ》げさせたが、お嬢《ぢやう》さんは八つ頂く人《ひと》と尋《たづ》ねたら手《て》を擧《あ》げるつもりで待《ま》つて居《ゐ》たら、五つ丈《だけ》でお終《しま》ひになつて、とう〳〵手《て》を擧《あ》げ損《そこな》いになりましたには、四角張《しかくは》つた小柳師範學校長《こやなぎしはんがくかうちやう》迄が笑《わら》ひ轉《ころ》げる

（下略）

「高田新聞」明治四十四年六月廿一日

しまい、とうとう内の子は手を挙げそこなってしまいました》」と言う罪のない話しをし、一同笑い転げ夜が更けてしまったと、見えている。

ここに漱石の一流の話術と夫人との息のあった姿をかいま見る思いがする。それにしても、麟造に対して漱石夫妻の並々ならぬ親近感がその背景にあってのことと思われる。

翌日は高田中学校で講演会がもたれた。講演会の様子について、漱石の日記の中に「六月一九日(月)中学校にて講演　雨天体操場、上から生徒の顔を見ると、玉子の行列の如し、何もいふ事なくして困る。雨大至聲聞こえず」と見えている。講演会について詳しくは『高田高等学校百年史』の中、「猫博士と中学校」という表題で記されている。

講演が済むと、五智のわくら楼に赴いた。漱石は続いてこの日の日記に、「一一時五九分の汽車では雨を冒して直江津に至る、雨漸く晴、五智に行く。わくら楼にて一寸午睡し、湯に入る。快、六時二五分の汽車で高田に帰る。三等列車丈なり。」と記している。

漱石は、大正五年(一九一六)一一月、胃潰瘍を再発し、一二月はじめ絶対安静に入り、同九日、五〇歳をもって不帰の人となった。翌六年一二月九日、麟造は漱石の一周忌に当たるこの日、森成宅において「漱石忌」を開いて漱石を偲ぶ座談会を催した。翌七年からは「漱石忌句会」と称する句会を開いてきた。この句会は、高陽俳句会、薬欄社などの同人によるもので、戦中戦後を挟んで昭和二九年(一九五四)まで四〇年近く開催され、途中、休会は二回だけであった。麟造自身も東嶺と号し句作している。この間、渋沢子爵・作家の巌谷小波・「サイカチ」の主幹の松野自得らも招待され常に盛会であり、高田市の年中行事に挙げられ市民に知られていた。

昭和一四年（一九三九）の漱石忌句会は、『高田日報』（一二月一四日付）によれば、麟造の自宅において主人の東嶺を含めて、一八名が参会し句会がもたれた。会場の床の間には、漱石が麟造に贈った「顧る我が面影や既に秋」の句を記した色紙と安田靫彦の「良寛の手

毬の絵」の軸が掲げられ、寒骨の「雪明かりスキーつづいて下り来る」の短冊が添えられ、

漱石を偲ぶに相応しい設営がなされていた。

句会では、席題として「冬田」と「火鉢」の二台がだされ、「冬田」については、

水草に温くき日のある冬田かな　葦雄
沖上げの鴎来ている冬田かな　他石
街裏の冬田の水に灯る影　天羊
苗代と定めし冬田打ちかへす　三声
蒲原の冬田は厳し海の如と　潺々
蓮舟の引上げてある冬田かな　民哉

雪雲の迫りて越の冬田暮れ　芝丘
畦木影走れる月の冬田かな　雉郎
畦なりに浮きあかりたる冬田かな　潺々

「火鉢」については、

叱られて火鉢の先見つめおり　潺々
君を偲び火鉢囲みて漱石忌　香雨
夜更けまで火鉢囲んで漱石忌　倒笛
北国の店頭暗し火鉢かな　一枝
火鉢より立ち来て叱言申しけり　他石
母を呼ぶ夜鳥寂しく火桶だく　雉川
飯を炊く火鉢の一つのたつきかな　天水

など以上の句が参会者から推され話題となった。その中、火鉢については、「漱石忌」が盛り込まれている句が見られるのが印象的である。

繰り返すようであるが、小宮豊隆によれば、漱石の修善寺での大患は、「漱石にとって、肉体上での大事件であるとともに、精神上の大事件であった。是れを機として漱石は、生活の上にも芸術の上にも、大転回を遂げる」と述べている。図らずも森成麟造は、豊隆の言う漱石の「大転回」に立ち会うことになり、漱石の肉体は極度に衰えながらも精神は強く確かに働いている激烈な姿に接してきた。この意味で麟造の「漱石さんの思出」は、日本文学史上において注目される証言と言えよう。

《参考》「夏目漱石日記」より（森成麟造関係箇所抄）

○明治四十三年

六月十八日（土）

・胃腸病院に入院（東京麹町内幸町長與病院のこと、当時森成麟造氏はこの病院の若手医師として活躍中）

八月六日（土）

・十一時の汽車で修善寺に向ふ（退院後の静養のため、修善寺の菊屋別館）

八月一七日（水）

・吐血、熊の膽の如きもの。

八月十八日（木）

・会社（朝日新聞社）から社員一名と胃腸病院の医師（森成氏）一名をよこす。

八月十九日（金）

・又吐血、夫れから氷で冷す。安静療法。硝酸銀

・ひるから気分よし。氷依然。水飴。氷を嚙む。

八月二十一日（日）

・昨日森成氏帰京の筈の処、見當たたぬ為め滞在。

・但し院長より（森成氏に）着以後当分其地にとまり看護に手を盡すべしと好意の電報あり、

八月二十四日（水）〔以下八月三十日迄　夏目鏡記〕

・夜八時急ニ吐血、五百ガラムト云フ、ノウヒンケツヲオコシ一時人事不省カンフル注射十五食エン注射ニテヤ、生気ツク皆朝迄モタヌ者ト思フ社に電報ヲカケル夜中子ムラズ。

八月二十五日（木）

朝容態聞ケバキケンナレドゴク安静ニシテ居レバモチナヲスカモ知レヌト云フ

八月二八日（金）

容態別状ナシ
森成サン東京ニ用事ガ出来テ帰ル病院カラヌカダト云フ先生代理ニヨコシテ呉レル。

八月三十日（火）

ヌカダ医師午後二時ノ汽車ニテ帰ル森成サン入リカワリ東京カラ帰テクル

九月十日（土）

・昨夜森成氏と禁苑烟の約をなす。今朝臥して思ふ左のみ旨くなけれど夫程害にならぬものを禁ずる必要なし。食後一本宛にす
・森成氏初診の時の胃の亂調の働をかたる。
・最後の吐血の時、二回の注射。ブンメルン。
・森成氏又歸京

九月十三日（火）

・昨夜森成氏歸來。
・四時頃突然ビスケット一個を森成さんが食はしてくれる。嬉しい事限なし

九月十九日（月）

・花が凋むと裏の山から誰かが取って來てくれる。其時は森成さんが大抵一所である。

女郎花、薄、桔梗、野菊、あざみに似たものが多い。

九月二十四日（土）

・腹へる。森成氏へ訴へる。拒絶

九月二十六日（月）

・病床のつれぐに妻より吐血の時の模様をきく。慄然たるものあり。危篤の電報を方々へかけたる由。妻は五六日何も食はなかった由。森成さんも四五日殆ど飯も食はずに休息せざりし由、顧みれば細き糸の上を歩みて深い谷を渡った様なものである。

九月二七日（火）

・妻君と森成さんと東と朝日瀧へ行ったらしい。午院閑寂

十月二日（日）

・細君、東、森成どこか行ったと見えて音なし。

十月六日（木）

・昨日森成さん畠中入道とかの城跡へ行って歸りにあけびといふものを取ってくる。ぼけ茄子の小さいのか葡萄のつるになってゐる様也うまいよし。

十月十一日（火）

・愈歸る日也。（東京の胃腸病院に歸る）

十月十二日（水）

・（妻より長與病院院長の死んだ事を知らされる）

・森成さんが最初に歸ったのは危篤のため後で歸ったのは葬式のためだといふ。わるくなったのは八月の二十四日頃即ち余の吐血したる頃なり。初め余の森成さんを迎へたる時、院長はわざわざ電報で其地にて充分看護せよと電報をかけたり。治療を受けた余は未だ生きてあり治療を命じたる人は既に死す。驚くべし

逝く人に留まる人に來る雁

十月一七日

・昨服部より銀の莨入を取り寄せて見る。森成さんと相談の上、光澤けしの小さい奴を撰び、それに修善寺にて森成國手へと前書きして

朝寒も夜寒も人の情かな　といふ句をほる事にする。價は十三圓五十錢也彫賃は知らず。

十月十九日（水）

・快晴。昨夜莨入の上へ貼る雁皮の上へ細字で発句と前書をかく。それを貼り付けて彫る事にする。寫眞では焼き付けがたしといふ。

十月二十一日（金）

・森成君に病気前の寫眞を望まれて一句を題す。

顧みる我面影やすでに秋（下段の色紙）

十月二八日（金）

・明日は霞寶會の日なり。森成さんは行かれるにや。

十月二九日

・昨夜服部より森成さんにやる莨入を持参。細君不在にて金なき故拂はず。小僧又持って歸る。

・森成さんが越後高田の翁飴をくれる。一日に三つ許さる。

十月三十日（日）

・森成さんに莨入を贈る。

十一月五日（土）

・森成さんが越後の笹飴をくれる。雅なものなれど旨からず。カステラはと聞いたら胃にも腸にも瓦斯があるから御止しなさいと云って止められる。

笹飴の笹の香や

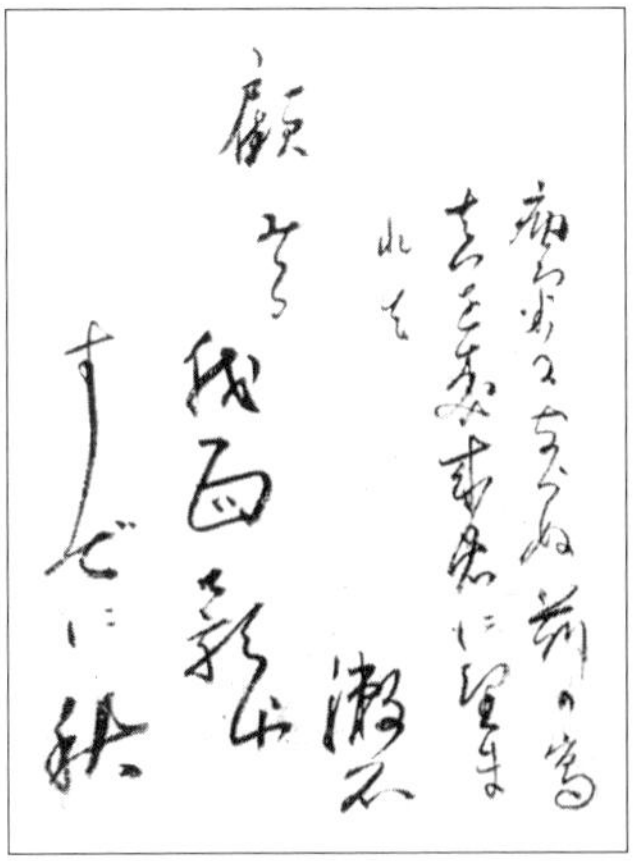

・妻来。横浜に行くといふ。森成さんの出診料として五百圓事務に拂ふ。

十一月十九日（土）

・妻が昨日電話で風邪の由を言い越す。今朝森成さんが來〔て〕昨夕見舞に行ったと云ふ。風邪の氣味故處法を置いて歸ったといふ。

十一月二七日（日）

・久し振りで妻來る・頭が痛いといふ。筆は此間からパラチフス、毎日森成さんの厄介になってゐた由。始めてきく。

○明治四十四年

六月十七日（土）

・愈細君の同行にて長野行

・長野にて師範學校長以下の出迎をうく。犀北館といふのにとまる。

・森成さんが高田から迎ひにくる。

六月十八日（日）

・十時半頃から議事堂で講演十二時過旅館に歸る。二時十分の汽車で立つ。高田迄の切符上等を二枚くれる。

・妙高山の頂きに雪の筋が見える。

・五時過高田着、一筋に細長い町なり。森成さんの家につく。家の構造、裏は川、畠（当時森成医師は高田横町（本町二）で開業）

・六時半柳糸郷にて夕飯。中學校長、師範校長、農學校長、高田新聞二名、高田日報二、離れ座敷、前に泉水築山、雨蕭々、蛙鳴く。

六月十九日（月）

・中學校にて講演　天天体操場、上から生徒の顔を見ると、玉子の行列の如し。何もいふ事なくして困る。雨大至聲聞えず。

・十一時五十九分の汽車で雨を冒して直江津に至る。雨漸く晴、五智に行く。わくら樓、

・わくら樓にて一寸午睡し、湯に入る。快、六時二十五分の汽車で高田へ帰る。三等列車丈なり。

注（　）内説明は付記。岩波書店刊漱石全集十三巻による。

六、森鷗外『山椒大夫』「東条琴台碑」に偲ばれる

森鷗外は、明治・大正期間、軍医を歴任し小説家として周知の人物ではあるが、本題に入る前に少しその人となりや作品などについて略記する。

森鷗外
1852～1911
文久２年２月17日生、
大正11年６月９日没

鷗外は、文久二年（一八六二）一月九日、石見国津和野藩医森家の長男として生れる。本名林太郎。幼時、藩校で漢学を学び、後、父及び室良悦にオランダ語を学んだ。明治五年（一八七二）、上京して西周家に寓居し、進文学舎においてドイツ語を修め、翌六年東京医学校予科に入学し医師の道に進むことと

なった。一〇年（一八七八）医学校が東京大学医学部となり、同時に本科生となり、一四年（一九八一）表向き二〇歳で卒業した。表向き二〇歳と言うのは、医学校予科に入学時、学齢が不足していたために、二歳増したとしたことによるものであるが、このことからしても如何に優れた素質を有していたかが伺われる。同年陸軍に入り、軍医副に任官する。

一七年（一八八四）からドイツ出張を命ぜられ、ライプツィヒ大学、ミュンヘン大学、ベルリン大学で講義を受け研究発表をした。この間、軍医勤務も実習し、イギリス、フランスを視察し二〇年に帰国した。直に軍医学校及び陸軍大学の教官に任用され、学生の指導に当たった。次いで日清・日露の戦役に出征し、特に、日露戦役においてロシヤの赤十字関係者との連携を図り、国際慣行を尊重し問題の円満処理に努めてきたと言う。

二三年（一八九〇）、清新な異国趣味と雅文体をもって知られる「舞姫」などの浪漫的作品で文壇に登場す。その後、著作から遠ざかるが、四〇年（一九〇七）に軍医総監、医務局長となり地位が安定したことと、四二年の「スバル」創刊に刺激されて「ヰタ・セクスアリス」・「青年」・「雁」などの反自然主義文学的作品を発表。乃木希典殉死に衝撃を受けて「興津弥五右門の遺書」・「阿部一族」などの歴史小説に着手した。退任を契機に「渋江抽齊」などの歴伝に没頭した。その他、評論活動、「即興詩人」、などの翻訳活動および作歌活動など多岐にわたって活動を展開してきた。

大正一一年（一九二二）七月九日没す。六一歳であった。

森鷗外と当地越後高田との因縁は浅からぬものがある。大正四年に発表された「越後の春日を経て今津へ出る道を、珍しい旅人の一群が歩いている。母は三十を踰えたばかりの女で、二人の子供を連れている」との書出しで始まる『山椒大夫』は、今町（直江津）を舞台にしたことで知られる。なお、この作品の元になったと言われる謡曲『婆相天』は、この度、復活され公開の運びとなった。

ここでは、明治十五年二月から三月にかけて数え二一歳の若い軍医森林太郎（鷗外）が北越に赴いた折に記した『北游日乗』及び晩年の林太郎が筆をとった榊神社に置かれている「東条琴台碑」について触れて見たい。

『北游日乗』に見る冬の高田

明治十四年七月、東京大学医学部を卒業すると、同年十二月、陸軍軍医副に任ぜられ、東京陸軍病院課僚となる。翌十五年二月一日から三月二九日まで、第一軍管区東京鎮台の徴兵検査の立合いの為に、栃木、群馬、長野の三県を経て、新潟県に入り、高田、柏崎、新発田、新潟、長岡を回り、三国峠を越えて帰京している。この間、『北游日乗』名において各地の風光及び所感などを記している。
高田については、次のように記している。

三日　高田に着きて三友館に宿る
　不見草芽侵砌生　京城柳色最関情
　風雪満天車馬絶　人在家々檐下行

《語句》・砌〈せい〉―石畳。　・京城―都、天子のいます所。　・関情―心にかかる、関心、懸念。
・満天―空一面。　・檐〈たん〉―軒、庇。（檐下―ここでは雁木）
《意訳》道に敷かれた石の間からの草の芽さえ見当たらない／都の柳は芽吹いたであろうか、ひたすら気にかかる／北風、激しく雪、空を覆い、車馬は行き交うことはない／それでも人々は雁木を抜けて行く／

あえて本詩の感想を記すならば、前半では、春三月と言うにこの地では草の芽も見られない。東京では既に柳の芽吹きが感ぜられると、「草芽と柳色」に託して、日本海側、太平洋側とでは、風土が大きく異なっているものかと感懐を記しているように思われる。後

雪に埋もれた高田
（明治期の高田の姿を残している）

半では、「この下に高田あり」と言う冬の姿をもたらす気候の様子とその中での人々の暮らしぶり、とりわけ雁木を通路にして行き交う姿が印象的であったものと思われる。

　ただ、前段の「芽侵砌生」と後段の「風雪満天車馬絶」との関連が、気になるところである。後段の様子からすれば、到底道路に敷かれた石は、雪に埋まり見ることは出来ず、まして隙間の草の芽は目に入ることは出来ないのではなかろうか。

　三月の初旬、筆者がかつて学校に勤めていた時、卒業式を控え在校生が巣立ち行く卒業生を祝し、雪を掘り割り地面を歩かせて送り出すのが恒例であった。鷗外らが滞在したのも、春の息吹が感ぜられ新しい営みが始まろうとする時期であった。

「三友館」は藩政時代、「三国屋」と称し旅籠屋を営んでいた。享和二年（一八〇二）一〇月には、伊能忠敬が幕命で越後・出羽・陸奥の海岸測量に際しここに宿泊したという。明治に入ると当主の三館一郎次は、新しい時代に併せての経営の工夫に努め、屋号を現代風に改め、装いも旅籠屋から旅館へと一新し、客の注文あれば西洋料理を提供してきた。また、当地で初めての撞球台が設けられたと伝えられている。

鷗外ら一行は、高田では七日まで業務を進め、八日ここを出立した。この日の様子について、次のように見えている。

八日　高田を立つ道の上なる雪少しく融けたり
吾発高田駅　透邐入山隈　天寒雪没踝　艪険汗満顋
馬駄行客去　魚上婦肩来　乍聴涛声怒　駭眙海天開
遥島留陳迹　荒陵存余哀　佐州何処是　孤鶻飛不回
直江津潟町を過ぎて柿崎なる野俣屋にやどりぬ

《語句》

・透邐〈いり〉—道が曲がりくねって続くさま。　・踝〈か〉—くるぶし。　・顋〈さい〉—あご。　・駭眙〈がいち〉—驚いて目を見張るさま。　・陳迹〈ちんせき〉—過去の事跡。　・陵〈りょう〉—みささぎ、皇族の墓所。　・鶻〈こつ〉—鷹。

《意訳》我等が一行、高田の地を出立す／山裾の屈折した道を進む／寒さは厳しく、雪深く踝までも没す／道険しく、顋からも汗が滴り落ちる／旅人を乗けた馬が過ぎ／魚を背にした行商の婦人とすれ交う／たちまち激しい涛の音が聞え／目には逆巻き天にも達する怒涛が写る／遥か沖合いの島には古き史跡を伝える／荒れた御稜にそぞろ涙を促す／一体、佐渡はどの辺りであろうか／鷹一羽、目前に翻って飛び去って行く。

鷗外らの一行は、高田を出発し次の目的地柿崎に向かったが、どのような経路をとったのであろうか、藩政時代、この方面に通ずる道は、「奥州街道」と言われ、下紺屋町（本町七）は、追分にあたり、ここから稲田、春日新田を通り黒井に出るのが通常の道筋であった。なお、ここには、「右於ゝ志う道　左かゝ道」の道標が設けられていた。だが一行は、左手の加賀街道を進んだものと思われる。と言うのは『北游日乗』の漢詩、「透邐入山隈」及び「乍聴涛声怒　駭眙海天開　遥島留陳迹」からすると山沿いの加賀街道を進み、五智の海岸に出て、怒涛逆巻く日本海に望んだものであろう。この時、順徳院を偲んでいるが、歴史家としての一面を覗かせている。

後に、今町を舞台にした『山椒大夫』と言う作品を発表するが、この時、肌で感じとった北国の風土と暮らしが、何らかの姿で投影されてきたように思われるが。

この日の行程は柿崎までの凡そ九里であった。宿は『東講商人鑑』に登場する「脇本陣泊所・野俣庄次郎」であった。

東条琴台碑一件

大正九年（一九二〇）九月、東条琴台の頌徳碑が琴台の教えを受けた旧藩士清水広博、琴台の研究家西尾豊作ら有志の発起により旧藩士の協力を得て高田城外堀の縁に建立された。（後年、道路拡張により榊神社の境内に移転されたと伝えられる）

撰文は森鷗外、篆額「琴台登場先生之碑」は西園寺公望、書は中根半湖で各界を代表する人々によるものである。除幕式で碑の幕を引いたのは、琴台の孫の下田歌子であった。

碑記は、漢文で記され四六字、一五行と言う大部なものである。碑記の構成はおおよそ次のようになる。

一、巻頭　撰文を記すに至った所以
二、本文前半　琴台の高田藩政期の業績
　〃後半　琴台の人となり

鷗外が本碑を撰するに至った経緯については、「越後高田は故榊原侯の采地（所領地）にして琴臺東条君久しく此に居る。頃日（最近）君の門人清水廣博、君の伝記を作りし西尾豊作等が石を城門外に立て、予に（私）屬し（依頼して）碑記を作らしむ」と記されている。

清水広博は、天保十三年（一八四二）、藩の中老役の家に生れる。明治の世を迎えると、参政、大参事となり「修道館」、「新潟学校高田分校」の管理に務め、次で県属となり東頸城郡及び東蒲原郡の郡長を務めた。後、高田図書館の設立に尽力し初代図書館長となるなど維新後の政務に務め、文化の振興に尽してきた。公務を退いた後は東京に移り、大正一五年（一九二六）、八五歳で逝去した。

西尾豊作は、直江津農商学校に勤務しその傍ら、高田藩儒者東条琴台の研究を精力的に進め、大正七年（一九一八）二月一五日、『東条琴台』を著し、「東京堂書店」より刊行した。

本書の巻頭には、森林太郎の七絶一首が掲げられている。

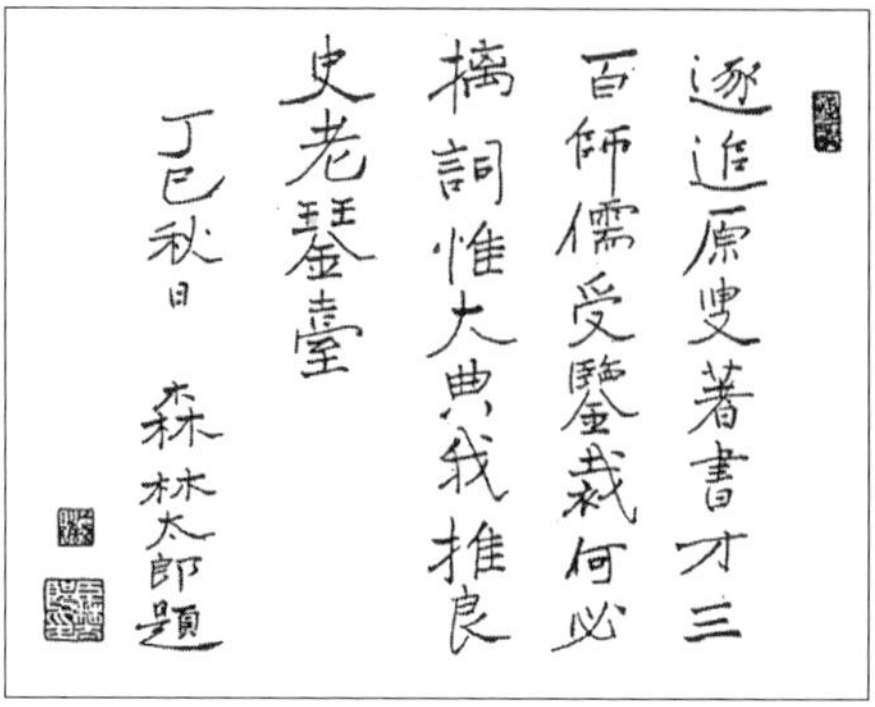
遂追原叟著書才三
百師儒受鑒裁何必
摘詞惟大典我推良
史老琴臺
丁巳秋日　森林太郎題

東条琴台像

遂追原叟著者才
三百師儒受鑒裁
何必摘詞惟大典
我推良史老琴臺
丁巳秋日　　森林太郎題

話題を碑記に移したい。本文前半には、琴台が榊原政令に見込まれ高田藩の儒者に登用され、以後、政養・政変・政敬四代の藩主にわたって「寛永系譜」の校訂、「伊豆七島図」を著しての幕府の処遇、風雲急を告げる幕末期「列藩の情勢視察」、藩校「修道館」の開設の努力など、高田藩儒臣としての一七年にわたる功を称え、明治の世を迎え東京に戻るに際し、「君遂に藩を去る。藩人涙せざるものなし」と敬愛されていた様子を記している。後半は、琴台の人となりについて記されているが、「美濃巌村文学平尾他山子無く太田錦城の薦をえて、琴台、平尾家を冒す。故ありて本姓に復す」と言う趣旨のことが記されている。なお、琴台の容貌について「君状貌奇偉、長身赫面（赤顔）耳朶垂る、こと寸余なり」と偉丈夫であった琴台の容姿についても述べられている。

かくして、鴎外は東条琴台について、「題詩」と「碑記」の二度に亙って筆を染めているが、如何なる因縁で鴎外が高田との縁が深まったのであろうか。

西尾が琴台の執筆を進めている頃、鷗外は五年六月より六年九月にかけて、『伊澤蘭軒』を「東京日日新聞」、「大阪毎日新聞」に三百七十一回掲載してきた。その二百九十一回の記事において、「松田道夫の父は信濃国佐久郡岩村田の城主内藤豊後守正縄の医官で江戸定府となっていた（後略）」と記しているが、後、三百十二回の末尾において、〈「信濃国佐久郡岩村田の城主内藤豊後守正縄」は、「美濃国恵那郡岩村の城主松平（大給）能登守乗薀」の誤右西尾豊作君の教に従ひて正す」〉と西尾の指摘で正誤を入れている。

鷗外は史家として西尾の率直な私的に好意をもって受け入れ、これが契機になって鴎外と西尾との間に親密さが生まれ、文通が重ねられ琴台碑記の申し出がなされ、鷗外から次のような便り（端書）が届くこととなった。

和歌山県西牢婁郡町立田辺実業学校、西尾豊作様

琴台墓銘之件熟考可仕候ニ付暫時御待可被下候為換ハ御預リ由置候　三月九日　森林太郎

注『鷗外全集・巻三十九』「一一三七四号」（岩波書店）

繰り返しになるが、東条琴台の碑記が円滑に事が運んだものは「美濃岩村」を巡っての因縁によるものと思われる。

第一は、碑記にも記されているように、琴台は師の太田錦城の勧めに依り、「美濃岩村藩」の平尾信従の養子となり、「岩村藩」との縁が生じた。だが同藩に朱子学派の名の高い佐藤一斉があり、一斉は幕府から昌平黌の教授に招聘され、「異学の禁」を唱え、儒学の統制を図ってきた。このため折衷学派の立場をとっていた琴台は、岩村藩に残ることは適わず、平尾家からも去ることとなった事情が挙げられる。

第二は、鷗外の『伊澤蘭軒』に於ける誤りもまた「美濃岩村」に関するものであった。文献に詳しく目を通して論及してきた鷗外であったが、たまたま見誤ってしまったことが挙げられる。

このようなことから鷗外をして何が何でも染筆せざるを得ない心境に置かれたのではなかろうか。

併せて西尾の直向きな思いが鷗外を動かしたものと思われる。彼の著書『東条琴台』の緒言に、「歴史家の忌むべきは仮想である。仮想を記述するが故に茲に幾多の伝説が生じ、後の世の人をして疑惑に疑惑を重ねしむる様になる。（中略）この書もとより史実を基礎として記述したが、尚不完全なるを免れない。今より後の人によりて、幾多の史料が蒐集せられ、この書の不備を補ふことを得ば（下略）」とあることからも伺えよう。

七、尾崎紅葉 粋人の赤倉・直江津来遊記

明治文壇の雄と目される紅葉山人（尾崎紅葉、本名、徳太郎）は、明治三十二年（一八九九）夏に上野から赤倉。直江津を経て新潟を経由して佐渡に赴くと言う旅に出ることになった。この旅は気がむけば逗留し、四〇日にも及ぶという長旅となった。生来、紅葉は旅を好まなかったが、重い腰をあげることになったのは、『金色夜叉』の執筆によって神経衰弱気味におちいり、医師からこれを癒すには、「煙霞にしくなし」と、旅に出ることを強く薦められ、「出億却六年の習癖を破って」の旅となった。なお、この越路紀行

尾崎紅葉
1867～1903
慶応3年12月16日生、
明治36年10月30日没

は、同年九月一日から十一月三日まで、『煙霞療養』と題して「読売新聞」に連載され好評を得てきた。

兎も角、七月一日、紅葉は上野を出立し新潟に向かうことになった。上野駅につくと、前日からの豪雨で「田口駅以北は不通」と知らされた。紅葉は、何とかならないものかと、鉄道案内を開いた所、田口駅の項に「赤倉温泉あり」と記されていたことから〝禍を転じて福となす〟の故事にあやかり、先ずは赤倉に向かうことになった。

夕刻五時過ぎ田口駅に、単衣に薄羽織をはおった青年文士紅葉が降り立った。紅葉は、駅前の「桜屋」で小休息し、頼んだ二人がかりの人力車に乗り降り注ぐ雨を幌で避け、羊腸のようにくねった山道を鶯の声を聞きながら、夕刻六時三〇分頃、赤倉温泉の「香嶽楼」に着いた。一夜明けると、足止めとなっていた雨も納まり、宿から頚城平を一望し、遥か佐渡も遠望できた。その有様について、

北の方直江津の空に方りて、有りと見えては、浪の揚るがごとく、なしと疑うては、霞の浮ぶに似て、しかもこの楼の縁側から見ゆる所が一奇である。

口あいて佐渡が見ゆると涼み皃
涼風のわが眉太し佐渡か島…

妙高市赤倉の「香嶽樓」
（人力車が見られ、往時の様子が偲ばれる）

と風光明媚さを句を添えて称揚してる。

そして、村の姿について、「作物は皆無、仕事は出來ず、商は利かず、湯治ばかりでは立たず、活計に差支へるので、次第に村の煙りは細くなるばかり、廿九年の調に據れば、人口凡そ二百餘、戸數卅五の内旅店十四戸とあるが、今日では未々減じた様子」と、厳しい様について記し、さらに、温泉地の現況や村人のたつきなどについて、

　凡そ己の知る限りに、此ほど山水の勝を占めた温泉地は無いのであるが、又、此ほど寒酸の極に陥った町並を見た事がない。一日遊園鶯語を聴き、兼

往時の赤倉温泉（自炊を主とした温泉宿が並ぶ）

て温泉碑を讀み、古池の名殘をも尋ねんと、湯宿の軒を並ぶる通を過ぎたが、町にも村にも此一條の往來と兩側の家居との外に一本木新田は無いのである。二三の店を除いては皆自炊宿の棟低く、屋根朽ち、軒は傾き、格子窓さえ破れて、見る影も無き散々の軆。（略）異しく感ずるのは、外湯の浴場の不相應に莊重しく新築せられたるのが三箇所に聳えて、五色硝子の欄間に滿目の荒涼を照らすのである。見　もて行けば、家々に馬鈴薯が乾してある。是が唯一の産物たる葛粉に製せらるので、正眞の葛も出る趣。外には、蕎麥粉、竹細工と聞いたが、いづれも僂い物ばかりと、

これ程に、風光に優れたる温泉地は数少ないと激賞しながらも、《寒酸の極に陥った》と寂れた様子について案じている。次で、彼の好奇心の強い紅葉の興味

をそったのは、雪を利用して設けられた「氷室」（雪鳰）であった。

深さ一丈ばかりの穴倉に貯えられた雪は半消えて、周囲もおよそ一尺の量を減じて蛇目をなしている隙間に、鯛、甘鯛、赤鰾、川鱒、鶏肉などを縄に懸けて、吹矢の人形のやうに吊下げて、別に野菜の類は籃にいれて雪の表面に卸してある。（略）明に照す處々に、赤き鱗の花と見紛うばかりなるが点綴する状といふものは、是真画中の逸品たるべき好粉本として見らるるのであった。

舌鼓うつや氷室の櫻狩

と、食通として自負する紅葉を満足させ、添えた句ににたいして、「氷室の桜と見付けた手柄が、我ながら」と自賛している。

七月三日、午前六時二十分、紅葉はこの地をあとに、田口駅七時五十三分発の列車に乗り、新潟に向った。当時、信越線は上野、直江津間しか開通しておらず、下越方面へ行くには、直江津駅で下車し、関川を渡り北越鉄道の春日新田駅で乗り換えねばなければならなかった。紅葉はこの乗り継にあたって人力車を利用したが、彼の目を引いたのは「女の車力」であり、「どれも兵糧炊に頼まれそうな凛々しい小爽りとした扮装で…皆屈強の新

北越鐵道株式會社時間表

下リ

	午前	午前	午前	午後	午後	午後
春日新田發		六・二〇	九・三〇	一二・三〇	三・三〇	六・三〇
犀潟發		六・三二	九・四二	一二・四二	三・四二	六・四二
潟町發		六・四一	九・五一	一二・五一	三・五一	六・五一
柿崎發		六・五三	一〇・〇三	一・〇三	四・〇三	七・〇三
鉢崎發		七・〇五	一〇・一五	一・一五	四・一五	七・一五
柏崎發		七・三五	一〇・四五	一・四五	四・四五	七・四五
北條發		七・五二	一一・〇二	二・〇二	五・〇二	八・〇二
塚山發		八・一四	一一・二四	二・二四	五・二四	八・二四
來迎寺發		八・三一	一一・四一	二・四一	五・四一	八・四一
宮内發		八・四四	一一・五四	二・五四	五・五四	八・五四
長岡着		八・五〇	一二・〇〇	三・〇〇	六・〇〇	九・〇〇
長岡發	六・二五	九・二五	一二・二五	三・二五	六・二五	
見附發	六・四九	九・四九	一二・四九	三・四九	六・四九	
帶織發	六・五九	九・五九	一二・五九	三・五九	六・五九	
三條發	七・一三	一〇・一三	一・一三	四・一三	七・一三	
一ノ木戸發	七・一九	一〇・一九	一・一九	四・一九	七・一九	
加茂發	七・四一	一〇・四一	一・四一	四・四一	七・四一	
矢代田發	八・〇二	一一・〇二	二・〇二	五・〇二	八・〇二	
新津發	八・一六	一一・一六	二・一六	五・一六	八・一六	
龜田發	八・三三	一一・三三	二・三三	五・三三	八・三三	
沼垂着	八・四五	一一・四五	二・四五	五・四五	八・四五	

紅葉は春日新田９時30分発に乗車、
午後２時45分に沼垂に到着。

造年増、牛とも組むべき骨格である」と驚嘆している。

なお、直江津の婦女の働きぶりについては、『越後頚城郡誌稿』の中に、「本郡ハ総テ婦女ノ働キ強ク、就中海岸ノ女ハ男子ニ等ク、直江津ノ婦人ハ丁持ト号シ荷物ノ運搬ニ従事シ、又小魚等ヲ高田及ビ在々諸所へ行商ス（略）男子モ及ハサルカ如シ」と、見えており、湯池に働き者が多かったことが伺える。

この北越鉄道は、二十七年（一八九四）、渋沢栄一、前島密を始めとして県下の資本家を株主として設立し、三十一年（一八九七）、春日新田、沼垂間が開通した。列車は、午前・午後各二便あった。なお、本鉄道の開通は、紅葉が来越する前年のことであった。

紅葉は、「午前九時三十分」の列車に乗り込んだ。列車が発車するや間もなく窓には、日本海が開け佐渡が遠望することができ、「來いといふ人あれ島はすずしげ也」と称え、米山直下にさしかかると、八門のトンネルの通過と赴きを見せる磯辺に出会い、「北越鉄

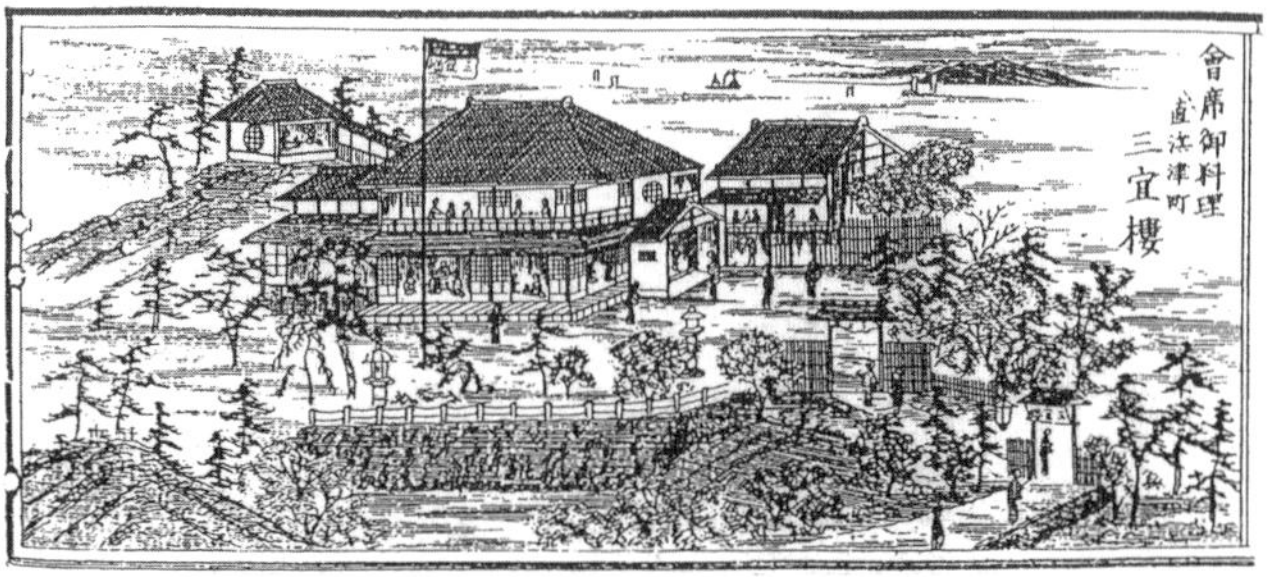

道双快」と愛で、困難を乗り越え成し遂げたトンネル工事について、「仏に逢えば仏を殺し祖に逢えば祖を殺し、道に當る者有れば必ず突いて進む」と、一流の筆法でその感懐を記している。列車は午後二時四十五分、沼垂駅に到着した。新潟では五日間滞在し、この間、漢学舎の坂口五峰に会い、彼の紹介状をもって佐渡の野沢卯吉の世話になったと言う。ともかく紅葉は、新潟、佐渡において一ヶ月余り滞在することになる。

紅葉は、佐渡からの帰途、八月十一日、直江津において後に、文人市長として知られる川合吟風らによって引き留められて三宜楼において一夜過ごすことになる。残念ながら『煙霞療養』にはこのことが記されていない。ただ、「佐渡土産」の名で「新潟新聞」に寄稿した一文の中に、「（略）車の直江津に着くを待ちてわりなくひきおろされたら帰りを急ぐ身のいとつらかりけれど、仇ならぬ人々の志うれしく、此日傘あづけ申すぞけふ一日、三宜楼に上りて見渡す、五日の月は空に懸りて、田面に萬星の亂るるを訝かる。青田暮れて其の粒々のおもい哉。涼めとやなつ踊の袖のかぜ、やらしゃれを　見ましょうという儘に盃を把りて…」と、紅葉の気ままな旅の様子とこれを迎えた直江津の人々の心くばりが偲ばれる。

所で、三宜楼で紅葉を囲み晩餐を共にしたのは、川合吟風（直次）、上原柏舟（慶三）、早川破鍾（利三郎）、石塚豊作、片田九皐（九十八）、佐藤忘羊（文吉）、横山桜雲らで幹事は、直江津小学校長の上原が務めた。なお、三宜楼は、現在はないが八幡の八幡社の背後にあって、明治三十六年、直江津で発行された『直江津土産』には、小松宮、閑院宮が宿泊されたと見えている。

かねて柏舟が克明な日記をつけていたこと聞き及び、当時の動きについて確かめたいと、柏舟の孫の上原勲氏（津島市在住）に「柏舟日記」についていて尋ねたところ、「明治期の日記は、すっかり散逸してしまい、手許には大正期のもの数冊しか残っていない。以前、調べものがあるとのことで貸し出したことがあったが、手元に戻ってこなかった」とのことで、明治はさらに遠くなってしまった。

昭和七年（一九三二）、香嶽楼主人の村山伊之吉は紅葉と面識のある文人川合吟風に依頼し、紅葉山人碑を香嶽楼庭前に築立した。除幕式には、紅葉の嗣子夏彦、未亡人喜久子、硯友社時代の友人江見水蔭ら紅葉ゆかりの人々が参列した。この時、水蔭は、碑に花を添え次の句を献じた。

《紅葉山人碑成るを祝して》　建碑成りて夏鶯の声のよさ

《吟風詞宗に》　五月晴に碑文ひとしお尖りけり

《除幕式の朝》　一茶来い良寛も来い紅葉の碑成る夏

《佐渡を望みて》　夏霞引眉毛など見せよ佐渡

多くの碑文は、漢文で書かれている中、本碑は古体国文で書かれている。

明治三十二年七月一日そぼろふる小雨に夕冷のするころ／一輌の人車が香嶽樓門前に停まった／それは一代の文豪紅葉山人が／出億却六年の習癖を破って／越後路の旅へと思ひたち／第一の宿りをここに求めたのであった／逗留僅に二夜に過ぎなかったが／遥に日本海を瞰しては《涼風のわが眉太し佐渡ヶ島》と口ずさんで／日本一の眺めと折紙を附け／庭前の雪室を覗いては《舌鼓うつや氷室の櫻狩》と興じて俳諧のない人を惜み／煙霞療養一巻この温泉の名声をして頓に海内に高からしめた／しかし巨星隕って三十年／文壇またこの絢爛の筆なし／赤倉の山人に負う所眞に多し／

昭和七年五月八日

高田市長　川合直次　撰竝書

注　文中の／印は句読点に相当。《　》は紅葉の咏じた句を示したものである。

なお、吟風は、紅葉の碑の除幕にあたって当時の模様を回想して、次のように語っている。

山人の赤倉へ見えたのは三十四年前即ち明治三十二年の今月今日である。（略）山人は赤倉に泊り、新潟に赴き、それより佐渡へ遊び八月中旬歸京の途次一寸直江津へも立寄った。實は無理に引きおろして一夜泊って貰ったのである。（略）山人は三十三歳、私は二十六歳の時

であった。山人の文章は小氣味よい程洗練されているが、その話口もきびきびしてゐた。まず話し上手であった。山人は、談、當時の文壇に及ぶと「色懺悔の時代はもう十年も前だ、私などの出と違って今は面倒になった。何分周囲が進んできて批評がなかなか六かしい」。又、「俳諧は實は餘事だ私などはどうしても全力を俳諧に盡くす気が起こらない。子規の俳諧をひろめた点に於て確かに非常の功がある。惜しいことに病氣で五・六年も寝ている」などなどと語り、「佐渡では、ヤレ農事小説を書けの勸善懲悪の趣旨を徹底させろのと、色々の注文を受けて困った」とこぼし又、「私は古跡とか寶物とかいふものを見るより、風景のよい所を見るのが一番すきだ。赤倉は此點から見て大いに優れてゐる。旅行案内を見た時には、海岸に近い突兀とした小山だらうと想像してゐた。野崎左文にだまされたわけだ」と笑ひ。又、直江津のヤラシャレ踊を見ては「少し雑駁だ、色々の物が混じったのだらう。段數が七つ、どうです七つ踊と改めては」など提言した。（略）煙霞療養は未完成の儘残され、直江津の事に書き及んでゐない。真に遺憾だ。

（「髙田新聞」、昭和七年七月一日より）

紅葉が宿泊した「香嶽楼」は、髙田上職人町（大町三）において旅館「三友館」を経営していた三館一郎が、信越線建設のために来越した鹿島組の棟梁鹿島岩蔵と知り合い、鹿島組の協力を得て、明治二十年頃、赤倉温泉の開発に乗り出して、「香嶽楼」を設立したものである（『にいんげん交流術』西澤稜威雄著）。紅葉が来遊したのは、それから一〇年過ぎてのことであった。その後、経営者は村山伊之吉に移ったが、「香嶽楼」の名は継承されてきた。前述のように「紅葉の宿」の碑の建立は、新経営者によってなされた。

《初出》
・紅葉山人の越後来遊譚「支部会報」第二四号　新潟県高田高等学校校友会東京支部（平成十二年一月一日）

第二部　くびき野に生まれし人士済々

八、竹内金太郎
日本の大事件に関わった弁護士

はるかなる弁護士への道

竹内《たけのうち》家は一五〇石取の高田藩士で、明治初年の当主は好謙といい、住居は外堀を望む中々殿町（上越市西城町二）にあった。なお、維新を迎え藩財政は厳しくなり、実際の給付（現石）は一割程の一七石七斗八升六合であった。

金太郎は、明治三年（一八七〇）二月二十三日、好謙の子として誕生した。学齢に達すると第五中学区内第一番小学（十年、岡島校と改称、現大手町小学校の前身）に入学し、岡島校を卒業し、高田中学校（現高田高等学校）に入学した。学資は自分で稼がねばならず、郡会、

竹内金太郎
明治3年2月23日生、昭和32年11月11日没。88歳。

町村会、教育会などの会合の書記を務め報酬を得てきた。在学中の十三年、高田新聞が発刊された。彼は、その新聞社のニース取材の仕事につくことができた。一日の手当が八〇銭で、当時小学校教師の月給が四～五円であったから多いに助かった。だが、記事として文にまとめて清書するには夜おそくまでかかった。

二十二年（一八八九）、高田中学を卒業した。卒業生は四人でその中、同じく弁護士となった春山泰治があった。向学心に燃える金太郎は進学を志し、仕事で得た報酬を蓄えて機を伺ってきたが決心がつきかねていた。そんな彼に、中頚城郡長遠山千里は、学費の一助にと一〇円もの大金を出して進学を強く勧めてくれた。これが励みとなり二十三年、仙台の第二高等中学校に進み、続いて東京帝国大学法科大学に入学し、二十九年（一八九六）、本学を卒業することができた。

卒業後、農商務省の山林局にはいり鹿児島・高知・東京などの国有林の管理事務を歴任した。彼の生涯に転機をもたらしたのは、三十九年、農商工省大臣の大浦兼武の斡旋で東京日々新聞社編集長に就任したことであった。四十二年十月、露国訪問の旅に向った伊藤博文がハルビン駅で朝鮮独立運動化によって暗殺された。各新聞社で得た情報は「伊藤、帰途につく」であったが、彼は「伊藤、ハルビン駅頭にて狙撃、死亡」と号外を出した。「ロシアへの途中、引き返すはずはない、暗殺に相違ない」という判断によるものであった。四十四年（一九一一）、東京日々新聞社は大阪毎日新聞社に合併され、経営体制が大きく変わった。金太郎は、これを機に新聞社を辞し、弁護士活動に専念することとなった。

弁護士として幅広く大事件を手掛ける

金太郎が手掛けた弁護は、数々あるが全国的な著名な事件に関わってきたことで知られる。太平洋戦争直前の昭和十六年、ソ連の諜報活動を展開してゾルゲ、尾崎秀実らがに検挙されたいわゆるゾルゲ事件がある。彼は、尾崎と面会するにつれ彼の人物識見について認識を新たにし、単に尾崎個人の問題ではなく、日本のため、ひいては世界のため重要な意義をもつものと確信し、全智全能を傾けて弁護に努めたが、死刑判決となり、十九年十一月、刑が執行された。

この外にも、五・一五事件（昭和七年）、二・二六事件（同十一年）、東京裁判（同二十一～二三年）など国政に関与する事件及び新聞を賑わした「鈴弁殺し」と言われるセンショナルな事件など広く手掛けてきた。詳しいことについてはここでは略す。

高田師範学校の火災原因の追及に努め廃校の危機を救う

昭和十年（一九三五）七月十一日早朝、高田師範学校が焼失し、警察は放火犯人として賄人を犯人として逮捕された事件が発生した。当時、師範学校統一論が展開されている中での出来事であり、統一派は、校舎の焼失を機に廃止すべきであるとを主張していた。彼は、この弁護に努めたが、第一審において自白を根拠に有罪判決が下された。だが無罪を確信し控訴し、苦心の調査によって手工室の軒下の動力線の漏電が発火原因であることを立証して無罪判決を得た。

後年、竹内はこの間の事情について、『牛歩』（新潟大学高田分校牛徒会発行誌・昭和二十七年八月）に次ぎのように見えている。

（略）この火災の四ヶ月ほど前にも、同校南寮の便所から　火が出て、小使の田辺亀作（金作のおじ）が逮捕された事件があった。亀作は既に五十歳を超え、老年で小使をやめさせられるかもしれない。まだまだ働けることを知ってもらおうとして火を放ち、そして自分でこれを消したというのが警察の逮捕理由であった。でっちあげもいいところで、まったくお話にならないやり方であった。

結局、証拠不十分で無罪になった。このようないきさつがあり、しかも今回の火災で校舎の大部分を焼失したため、警察はぜひとも犯人を捕えなければならなかった。金作は当時二十歳くらいだったが生まれながらのひどいドモリで、まったくの明きめくらでもあった。警察の調べでは。金作は次のように自白したとして、新潟地方裁判所高田支部へ送られた。すなわち、当時、午前四時十五分ごろ、金作は用便に起きた。ちょうど学期末テストの前なので、学校が焼けたら学生が喜ぶだろうと思い、手工室の窓から入り、かんなくずに放火し、ぬいだゲタの上に飛び降り、そのゲタをはいて、何食わぬ顔で宿直室にもどって寝たというのであった。

新潟からすご腕の刑事二名がやってきて金作を締上げたといわれている。高頭竜吉裁判官は有罪の判決を下した。私は、無罪を確信して控訴した。そして苦心のすえ、無罪を証明する決定的証人を発見した。手工室に面して軍人の家があり、その夫人が毎朝セパードを運動させるため散歩をしていた。当日も朝の四時ごろ、セパードを連れ出すとき、手工室の軒先から横に一直線に発火しているのを見た。実地検証の結果、軒先の動力線が発火点であることが立証され、金作は無罪となった。

曉を破る紅蓮の炎
高田師範本館全焼
御眞影は高田高女へ奉遷
めざましい寄宿舎生の活動

損害三万七千八百圓
現校舎は明治三十五年落成

大正八年卒の渡辺英三郎高田農業学校教諭は、炎々と燃え上がる母校の痛ましい姿を次のような歌に託して悲しみに耐えた。

燃えてゆく母校に向い立ちており
　運びいだせし荷物のなかかに
いくとせの夢をたたえる母校なれ
　燃えゆく見つつ現ともなし
ありし日の夢はいづちぞ燃えていく
　母校を見つつ心根もなし

だが、この放火事件（出火）が大審院で無罪と確定したのは、事件発生二年後の十二年七月二十二日であった。これにより、高田師範廃止をはかった統一論の有力な口実が失われた。次は、大審院の判決書である。先の竹内の所論と重複する向きもあるが、折角の機会であり紹介したい。

昭和十一年れ第一八〇九号

判決書

本籍、住所、職業（略）田辺金作

右放火被告事件ニ付昭和十一年五月二十五日東京控訴院ニ於テ言渡シタル判決ニ対シ被告人ヨリ上告ノ申立ヲ為シ本院ハ同年十二月二十二日事実ノ審理ヲ為スベキ旨決定シタルヲ以テ更ニ審理ヲ遂ゲ判決スルコト左ノ如シ

原判決ヲ破毀ス被告人ハ無罪

理由

弁護人竹内金太郎上告趣意書第一点ノ理由アルコトハ本院カ曩ニ言渡シタル事実審理開始決定ニ於テ刑事訴訟法第四百四十四条ニ基キ更ニ被告事件ヲ審案スルニ公訴事実

ハ被告人ハ新潟県立高田師範学校ノ炊夫トシテ在勤シ居リシカ自己ノ叔父ニシテ当時同校ノ使丁タリシ田辺亀作カ同校寄宿舎便所内ニ於テ放火シタリトノ嫌疑ニ因リ拘留ノ身トナリ公判ニ付セラレ其ノ一家ノ極メテ窮況ニ陥レルニ同情シ若シ校内ニ於テ更ニ出火ノ事実発生スルトキハ之カ為亀作ノ事件ヲ有利ニ導キ無罪トナシ得ベシト確信シタル末師範学校ノ校舎ニ放火シテ亀作並ニ其ノ一家ヲ擁護センコトヲ企テ昭和十年七月十一日午前三時半頃同校木工室ニ忍入リ其ノ場ニ在合セタル鉋屑ニ所携ノ燐寸ヲ以テ放火シ因テ同校ニ本校舎並寄宿舎ノ一部ヲ焼失セシメタリトス云フニ在レトモ該事実ヲ認ムベキ証明十分ナラザルヲ以テ刑事訴訟法第四百五十五条第三百六十二条ニ規リ被告人ニ対シ無罪ヲ言渡スベキモノトス　仍テ主文ノ如ク判決ス

検事村上常太郎関与

　昭和十二年七月二十二日

　大審院第四刑事部裁判長　宇野要三郎・判事四名連記（略）

がんこな愛すべき生きざま

明治十九年（一八八六）信越線の直江津・関山間が開通した。彼は高田の駅名が「タカダ」

となったので駅長に訂正するよう掛けあった。彼の姓は、「タケノウチ」であるが、ともすると「タケウチ」と呼ばれてしまうことがその基底にあってのことかも知れない。

同四十四年（一九一一）、市立高田幼稚園が創立された。金太郎は、もと高田藩士の出で、当時、十五銀行の取締役を勤め、家も同じ本郷弓町に住む清水宜輝と親しかった。彼は幼稚園の創立に骨を折ってきた宮川小一郎（弁護士）を東京に呼び、宮川を連れ、清水を訪問し碁を打たせた。二番打ったが二番とも清水は負けてしまった。金太郎は清水に「貴殿は、宮川に碁を習ったのだから、礼金を出して欲しい」と、六百円出させた。金太郎自身も幼稚園の備品や玩具を寄付している。或いは事前に話がついていたのかも知れない。なお、弓町には、東京で学ぶ学生の便宜を図るため「上越学生寄宿舎」が開設されていた。竹内は時に出向いて学生たちに講話をしたが、舎生であった牧田弥太郎は、先生の話が大変長くて足が痺れて閉口したのと、『上越学生寮六十周年記念誌』に往時を偲び記している。牧田は金谷村横山家に生れ東京の牧田家の養子となり、東京帝国大学法科を卒業、三井鉱山に勤務、後に弁護士となり竹内と共に法曹界を担い、目黒区会議員、同議長、新潟県人会副会長等々、巾広く活躍してきた。

晩年、眼科医で盲人教育の功労者で知られる小島彦造の長寿を祈って、次ぎのような死神撃退法を教えた。

六十で、若し迎いが来たならば、七十までは留守と答えよ。
七十で、若しも迎いが来たならば、九十九までは居ぬと答えよ。
九十九で、若しも迎えが来たならば、いっそ、嫌だと断ってやれ。

昭和三十二年十一月十一日、八八歳で逝去。墓は、上野と高田にあり、吉野に石碑がある。

《参考資料》
・『新潟県人物百年史・頚城編』（宮島清・苦学し大弁護士となった竹内金太郎）新潟県人物研究会（昭和四三年）
・『公孫樹下の八十年』公孫会（昭和五七年）
・『新潟県警察史』新潟県警察史編纂委員会（昭和三四年）
・「高田師範学校火災関係文書（筆者収集文書）（市史編纂室保管）

九、白石元治郎
横浜に白石町の名を残した鋼管王

日本の重工業を代表する「日本鋼管」の設立は、白石元治郎になるものであり、高田ゆかりの人物である事は、意外にも知られていないのではなかろうか。折角の機会であるので紹介したい。

終戦後の混乱からようやく立ち直りかけた昭和二六年、新潟日報社が『越佐人物風土記』と題して小誌を刊行した。当時の事であり紙質は悪く写真も不鮮明で、頁数も一四〇頁程に過ぎない。本題から離れてしまうが、白石が登場している書物に免じて本誌刊行の言葉をあげてみる。

「(前略)、正に歴史は人によって成る造形部である。明治・大正・昭和の三代を、戦前と戦後に二台別しても、われらが郷土、越佐の山河から幾多の人材を天下に送り出しており、すでに歴史上にその名を止めたもの、或は功なり、名遂げて悠々自適の境地を愉むもの、今や滔々たる民主主義の風潮に棹さして、檜舞台に縦横の活躍をしめしているもの、数え上げれば枚挙にいとまなき活況を呈しているということが出来よう。あの人、この人、総てが織り成す極彩色の人生行路は、移り行く変転極まりない時代相を背景としているだけに、後進に多大の示唆を与えるものがあるを信じて疑わない。」

白石元治郎
1867～1945
慶応3年7月21日生、
昭和20年7月25日没。78歳。

上越地域に関して、高田市・西頸城・中頸城及び東頸城に別けて記し、「高田市の巻」は、四頁を割いている。この中、地元以外で活躍している実業界の人物として「一方、中央では旧日産コンツェルン社長の山本惣治、元日本鋼管社長故白石元治郎の大物級のほか元日清精糖取締役田中安治、大正二年住友金属に入り技師長として学識と秀れた技術で同社取締役に進んだ工学博士杉浦稠三等が実業界に覇を遂げた。白石は明治二五年、東京大学法学科を卒業して浅野商会に入り、浅野総一郎の姉を娶って（注、正しくは、渋沢榮一の媒酌で浅野総一郎の次女萬子と結婚）同二九年、東洋汽船会社支配人として腕を振るい、爾来浅野同族会社の各種事業の重役を兼ね、山本は、明治四五年、東京外語学校を卒業直ちに大阪の久保田鉄工所にはいり、同工場長として活躍、昭和六年ダット自動車製造取締役に就任し、着々中央実業界に巨歩を築き、その手腕は人格と共に畏敬せられるところで、さきの追放解除で今後の復活活躍が期待されている。」と記され、終戦直後の財界地図の一端が伺われる。

　その後、白石については、『新・高田市史』始め、各種の郷土の人物を記述した出版物に登場することがなくなってしまった。近年刊行された『上越市史』の人物編にその名が記される事となった。

　川崎市の臨海地区は、日本有数の重化学工業地区として知られている。この地に「白石町」・「扇町」・「扇島」の名が見える。この白石町は、日本鋼管株式会社を創設した白石元治郎の名を冠してつけられたものである。なお、「扇」は白石の義父浅野総一郎の家紋に因んでつけられたものである。上越出身の人材多しといえども、地元を離れて、しかも京浜地区に町名にその名を残している例はないと思われる。

白石元治郎は慶応三年（一八六七）七月二一日、高田藩の奥州領（福島県）白河の釜子陣屋詰の藩士、前山孫九郎の二男として誕生した。戊辰戦争に際し、釜子にあった高田藩士は、藩の意向に反して佐幕派につき会津藩に合流して征東軍となった。一方、地元の高田藩は征東軍の先蜂を努める事となり「兄弟牆にかせぐ」と言う状況に置かれた。このような激動の中、戦乱を避け幼い元治郎は、母と共に高田に入り、五分一（上越市幸町）士族長屋に住んだ。

明治六年（一八七三）、父孫九郎が、三井物産株式会社の前身、三井組に採用されたので一家は任地の宮城県に移った。一五年、同じく宮城県にあり、元釜子詰の藩士であった、白石武兵衛の養子に入った。次いで向学心に燃えた元治郎は、上京して同一五年、慶応義塾で学び東京帝国大学英法科に学び、二五年卒業した。当時としては珍しい就学であった。卒業後、富山県出身の実業家浅野総一郎の経営する浅野商会に入った。浅野商会は、政府は明治一四年、官営物の払い下げを行い民間企業の育成を図ってきたが、浅野はセメント工場の払い下げを受け、浅野商会で経営する事となった。これが浅野コンツェルンの発祥となった。

浅野商会に入って翌二六年、石油部門の支配人になり、二八年、浅野の次女萬子と結

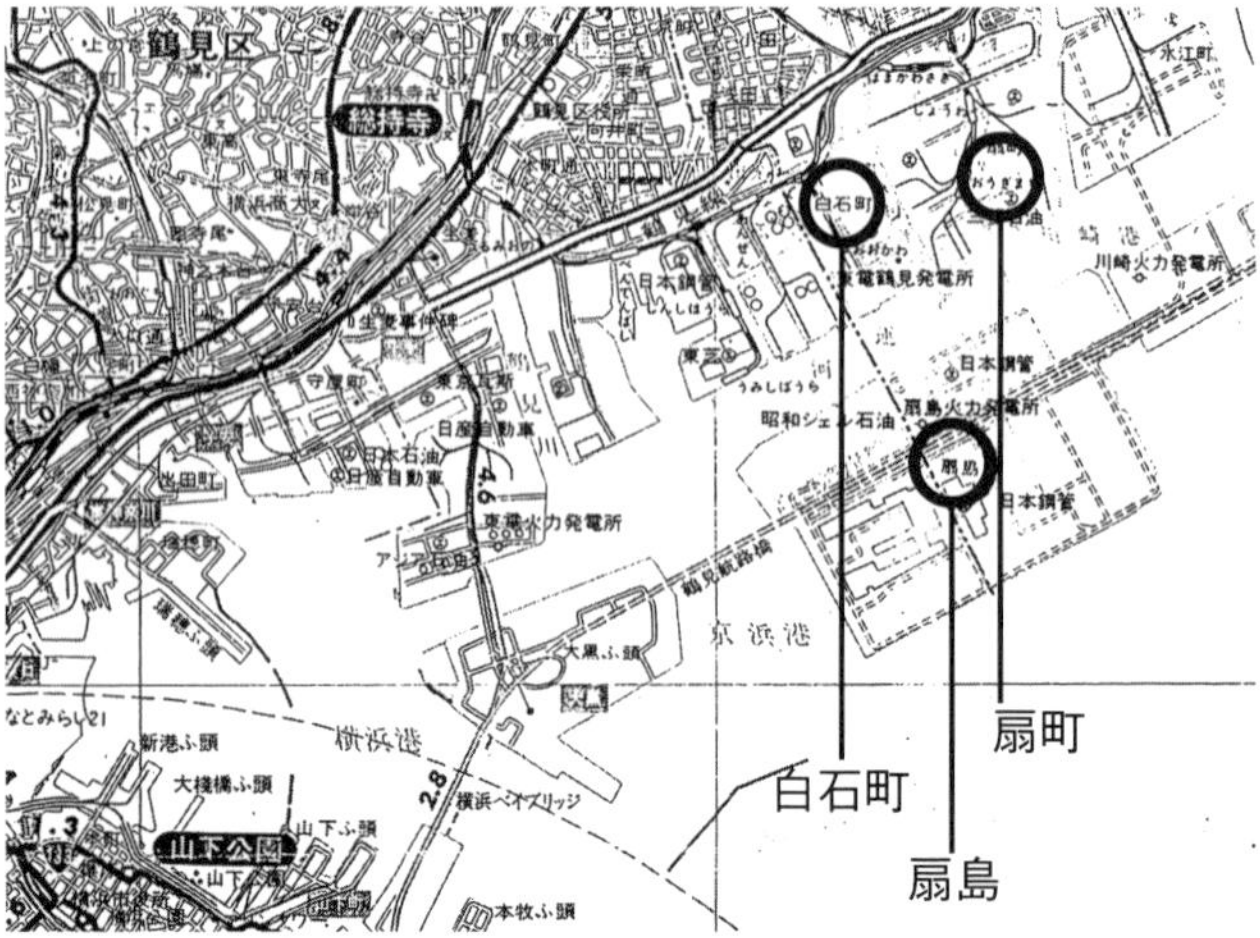

婚した。二九年、東洋汽船創設に参画して支配人となり、取締役に進み実業人の地位を占めるに至った。白石の特筆すべき業績は、四五年（一九一二）、民間鉄鋼業の先駆をなした日本鋼管の設立であった。大正三年（一九一四）には市場に供給できるようになった。第一次世界大戦前後の重化学工業の発展期に業務を拡大し、昭和一一年（一九三六）に第二高炉が完成し増産体制に入った。同一五年、造船部門に進出して、鉄鋼生産を基盤にして、重工業全般にわたる経営を展開して現在は新日本製鉄に次ぐ地位にある。この外、白石が社長として関与したものに、帝国人造肥料・昭和鉱業・南洋鉄鉱・川崎窯業・日本瓦斯管販売・鶴見臨港鉄道等一〇数社に及び、取締役、相談役として浅野セメント・東洋汽船・日本レール等二〇数社を数え、

実業会の重鎮として盛名が高かった。

白石、前山家はかつて高田藩士であったが釜子詰で地元高田と縁が薄くなりがちで大方の人に知られないうらみがあった。然し、両家とも高田藩の流れを引く事を忘れることはなく、東京、両国の中村楼で開かれた明治一七年（一八八四）、第一回の高田藩士親睦会に出席してきた事が年譜に残っている。また、昭和六年の「在京高田旧藩士住所録」に、白石元治郎の住所は、「芝区三田聖坂上」と見えている。

昭和一五年、『越佐人名簿』の著者坂井新太郎は、白石を訪問して日本鋼管を始めた動機について聞き糺し同著に「（前略）私は浅野に居ましたが、一つ自分の責任で何かやりたいと思っていました。鋼管の事業は国家的に見て重要な事業だと思って手をつけたのです。ところが渋沢さんも浅野も賛成してくれませんでした。一旦腹にきめたからには、百方奔走して資金を作りましたが足らず、私は全財産なにもかも投げ出してやっと工面しました。」と不退転の決意を語っている。よくぞ事業を興したものと白石の先見性を持った洞察力と、強い意志に裏付けられた決断力に感心させられる。白石は、処世観として「広く世界をみよ」をモットーにしてきた。この事の具現として、東洋汽船においては、南米行路の開設となり、鋼管事業では海外に原料の供給を求め、製品は国内供給にとどまらず海外にも輸出となった。いわば、世界の中の日本というグローバルな視点でサービスの拡大、技術の開発を中軸にして発展させてきた。このような経営理念は、現代に通ずるものがあった。昭和四年、功により紺綬褒章受けた。同二〇年一二月二四日、七九歳で死去した。

十、竹村良貞　事業新聞の先覚者、帝国通信社長

竹村良貞の出自

竹村家は高田藩士であり、「榊原藩家臣禄高覚」（文政一三年・一九三〇）において「竹村太兵衛（一三〇石）」と見えている。竹村姓は一家しか見られない。下って「伊呂波分限帳」（嘉永以降・一八四八〜）では「竹村市之丞、四之辻、百三十石内参拾石無所務」、「高田役禄帳」（文久二年・一八六二）には（竹村市之丞、百三十石内三十石無所石）とある（「上越市叢書五」『高田の家臣団』による）。

「安政文久年間（一八五四〜六二）高田家中図」（次図参照）の中に竹村太兵衛百三十石が四

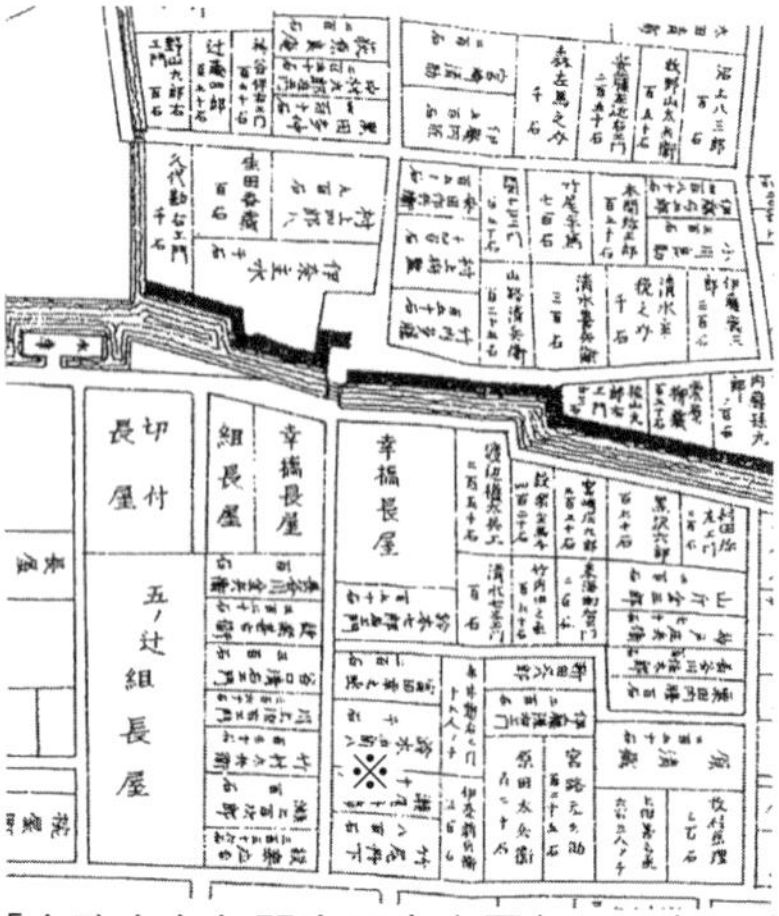

「安政文久年間高田家中図」の一部。南北に走る通りから辻に入り、長屋を背にした三軒目の※印が竹内家。

之辻（西城三）に見え、「高田役禄帳」の居住地と一致する。現地は知命堂病院の所有地になってきた。

余談になるが、当地に昭和一〇年代知命堂の中野理医師が在住していた。後年、彼は難解な「レルヒの日本滞在記録」を翻訳し、『明治日本の思い出』と題して発刊し、当地にとって貴重な資料となっている。

竹村良貞は、文久元年（一八六一）一一月、竹村太平の長男として誕生した（『越佐大観』『高田市史、二巻』）と見えているが、『越佐傑人譜』、『越佐名士録』では、一二月誕生とあり異同が見られる。なお、竹村家は、法顕寺（日蓮宗。上越市大町三）の「半檀家」（夫婦別の宗派か）との記録があるが、現在、無縁であるとのことである。

良貞の青年期

明治一〇年（一八七七）、西南の役において一六歳で徴募巡査に応募し警部補心得に任じられて、九州各地を転戦した。戦没後、志す所あって慶応義塾に学ぶ。同一四年、郷里に戻った。

良貞の青年期の世情は、薩長藩閥による新政府に不満が広がり、同七年（一八七四）、自由民権運動が起り、板垣退助らの民選議員設立建白以降一層激しくなった。そして同一四年、国会開設の詔書が出され、以後、政党が次々と組織された。

上越地方は、新潟県における自由民権運動の先進地であった。明治一〇年（一八七七）、新潟県における最初の政治結社「明十社」が芳川の鈴木昌司、旧高田藩士八木原繁祉等によって発足した。以後、離散、集合を重ねて、同一四年に頸城自由党が組織された。

次いで同一五年四月、頸城自由党が高田寺町の善行寺において春季大会を開催し、頸城自由党と東京の自由党との合併を討議した。賛否を問う投票結果は僅か一票の差で合併派の勝利に帰した。これを不満とした室孝次郎、中川源造らの独立派は頸城自由党を脱して、同年一二月、上越立憲改進党を組織し、上越の政界は自由、改進の二派となった。

「高田新聞」の発刊に参画

明治一四年（一八八一）、竹村が高田に戻ると、「高田新聞」の創設に参画する事となった。高田新聞は、高田で最も早い時期に発刊された新聞であり、同一六年（一八八三）四月一日に創刊された。当時、新潟県は自由民権運動の先進地であり、地方新聞界は自由党、改進党など何れかの政党につき、その機関紙を発行するのが大勢であった。この様な情勢の中、室孝次郎、中川源造、市島謙吉及び竹村良貞等によって改進党系の機関紙である「高田新聞」の創刊をみた。社長は市島、主筆には市島、竹村が当った。印刷は竹村が務めた。編集は設楽正吉。古島包正、斎藤慶治郎、増田義一等、そうそうたる人材をもって発足した。

高田新聞の歴史の中、特記されることは、高田事件について論評したことが新聞紙条例に抵触するとの理由で、市島に禁固刑、竹村及び設楽に罰金刑が課せられたことである。明治一六年五月二三日の朝野新聞に、「越後の高田新聞の社長市島謙吉、仮編集長設楽正吉、印刷長竹村良貞の三氏は譏毀の廉に付条例に触れたるものと認め共犯を以て論ぜられ、一昨日各重禁固十五日、罰金五円の宣告ありしかど不服にて直に上告されし趣電報あり、改正条例に依って処断ありしは是が嚆矢なり」と全国的な問題として報道された。同年四月

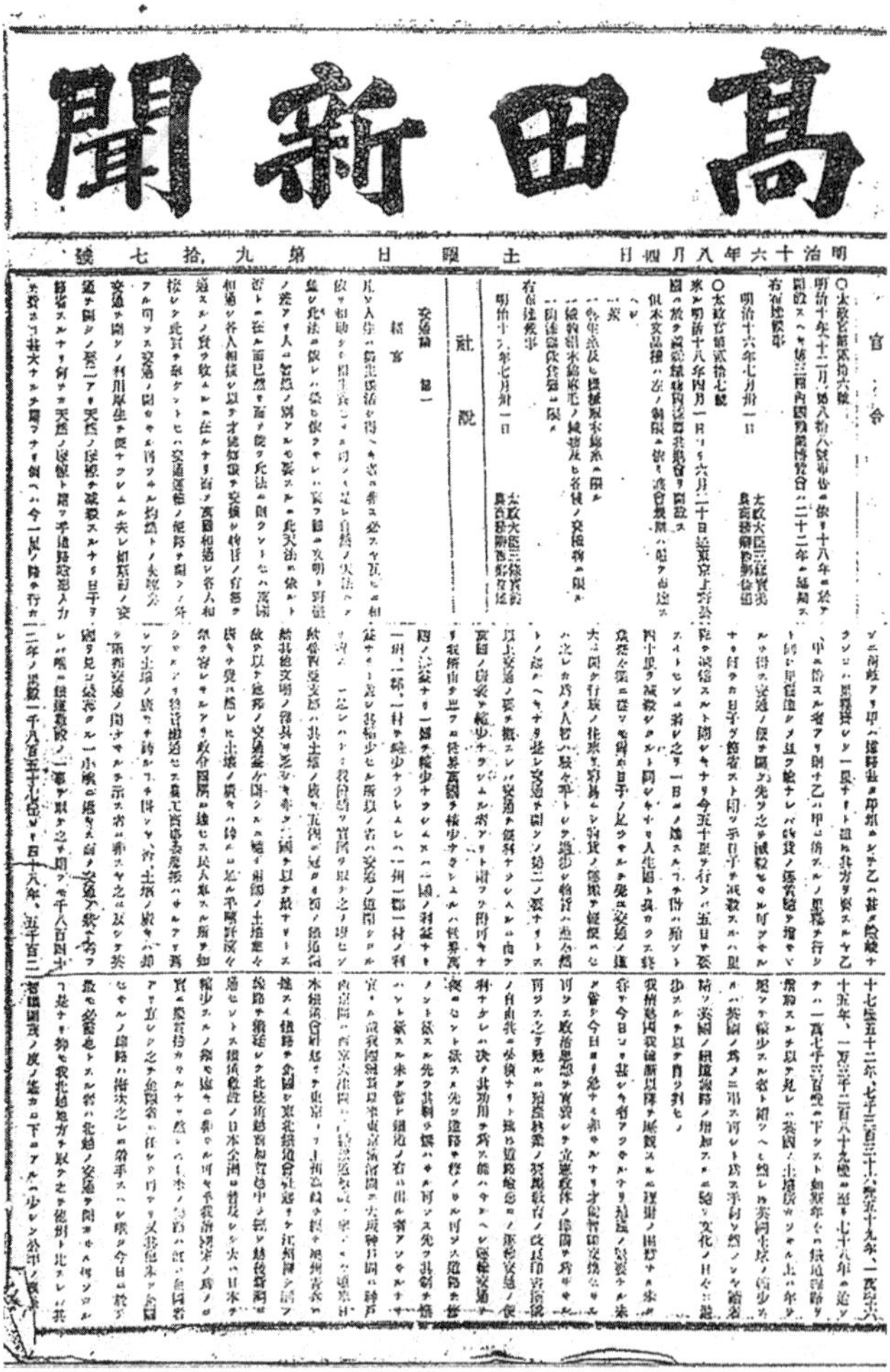

高田新聞

明治十六年八月四日 土曜日 第九拾七號

官令

社説

交通論 第一

「高田新聞」明治十六年八月四日と見え、発刊二年後になる。創業当初の新聞の組み立てが伺える。

一六日、政府は新聞紙条例を改正し、言論の取締りの強化に乗り出し像てきたが、市島、竹貞村、設楽は改正新聞紙条例の最初の犠牲村者となった。市島はこの事について、後に『春城随筆』に「此の条例の改正と共に法の執行が頗る厳となり従来不問に附したことまで容赦しないことになった。（中略）全体高田事件は福島事件と同じく自由党に纏綿した事件で当時改進党であった私共の新聞とは没交渉の事であったけれども、藩閥政府の専恣を憤る点に於ては自由党と同様であったので、此事件に対しては吾等は寧ろ同情を寄せたのである。そこで吾等を見ることは高田事件の被告と毫も異なる所なく、些細な事でも苟も政府の不利を見ると、ビシビシ告発し、吾社の被告事件は僅々二十三ヶ月の間に五十六件も続発するに至った」と述べている。更に、一八年二月にも高田事件三周年記念を掲載し、三週間の発行停止処分を受け、編集人と印刷人が一ヵ月半の禁固と三〇円の罰金を科せられたと見えてみる　なお、竹村の筆力については、「民権の鼓吹、民心の啓發に努力し、燃犀の筆陣は屢々、縣治の當局を鞭撻して令名を馳せ、時に筆禍を蒙むりて官吏侮辱罪に問はれて囹圄の人となりしことありき。君の耿々たる愛國福民の志や、轉に感稱すべき也」と評されている。（出典、不詳）。

改進党系の「高田新聞」に対して、自由党系の新聞として、同二三年（一八九〇）四月に発刊された「北辰」同三五年七月、平出善吉（幸徳秋水一派の大逆事件の弁護士平出修の義父）

新聞紙名	創刊年月日	創設者	所在地	備考
高田新聞	明・16・4・1	室孝次郎・中川源造	善導寺前	改進党系の新聞、昭和十五年迄存続
北辰	明・23・4・1	自由党有志	不詳	政友会系の新聞。一〇数ケ月間存続
越後日報	明・35・7・10	平出善吉	府古町	幾ばくもなく廃刊
上越商工通報	明・36・	斎藤久左衛門	五分一	相場状況を報道（週刊）
高田時報	明・40・	斎藤久左衛門	五分一	上越商工通報を改題
上越日報	明・40・7・10	丸山豊次郎	杉ノ森町	政友会系の新聞
高田日報	明・41・1・1	丸山豊次郎	杉ノ森町	上越日報を改題、昭和十五年迄存続
信越日々新聞	明・41・7・1		下小町	
高田夕報	明・41・8・1	北越新聞社	下紺屋町	明治四十二年十二月廃刊
新高田	明・42・1・1	蓑輪三代太郎	下小町	月三回発行、半年で廃刊
教海新報	明・42・	教海新報社	下小町	当初週刊、大正元年月刊
切抜通信	明・43・9・1	切抜通信社	桶屋町	明治四十三年十二廃刊
高田毎夕新報	明・45・3・27	蓑輪三代太郎	呉服町	大正四年頃廃刊（夕刊）
越信軍事日報	明・45・5・15	高津友之助	中小町	
高田新報	大・2・2・1	高津友之助	中小町	越信軍事日報を改題
越後新聞	大・3・10・	五十嵐弥吾八	中小町	高田新報を改題
上越日報	大・11・3・		新愛知社	名古屋の新愛知社と提携、昭和十五年十二月廃刊
高田時事新聞	昭・5・5・28	神岡辰二郎		高田毎日新聞に統合
高田毎日新聞	昭・5・8・	石田善佐		越後新聞・高田時事新聞を合併、昭和十五年十二月廃刊
上越新聞	昭・15・12・1	猪又久治郎	本町四	第一次新聞統合により、高田新聞・高田報を統合し発足、昭和十七年十月、一県一紙の新聞統合により廃刊

高田において明治・大正期に発刊された新聞一覧
（第十三師団入城した時期乱立した事が伺える）

による「越後日報」があった。両氏とも一年程しか存続しなかった。本格的な新聞は、同四〇年七月一〇日、丸山豊次郎が主管した「上越日報」であった。第一号には、政友会総裁西園寺公望の揮毫を始め、尾崎行雄、後藤新平、原敬ら第一線にあった人々の祝辞が寄せられた。同四一年一一月一日、「高田日報」と改題し、丸山の個人経営に改められ、主幹武田徳三郎、主筆石田善佐、編集長神田茂一、営業部長袖山治助らが業務に当たった。当時、第十三師団の入場に伴って幾多新聞が出現したが、残念ながら、それらは長続きしなかった。後掲の資料「戦前に於る地方紙一覧（表）を参照されたい。

上京し「帝国通信社」を経営

入獄八ヶ月、出獄すると、明治一六年（一八八三）、東京に赴き、矢野文雄の知遇を受けて報知新聞の記者として入社した。

報知新聞の創業は同五年（一八七二）五月、前島密に依って計画され、小西義敬を社長とし「郵便報知新聞」と題して発刊された。後に本紙は「報知新聞」と改題される。ここにも前田の日本の近代化を導いた業績の広さが偲ばれる。

次いで、矢野の創始になる「新聞御用達会社」の経営に当たり、同二五年（一八九二）、

竹村良貞
1861 ～ 1940
文久元年 11 月、
昭和 15 年 6 月 9 日没

「時事通信社」を併合し「帝国通信社」と改め、社長となった。大正二年（一九一三）株式会社に改組。本社は慶政会系を基盤とし、政友会の「電通」と全国の新聞社を二分してニュースを供給してきた。関東大震災で被害を受け、電通や新聞連合との競争に敗れ、昭和四年（一九二九）に破産した。

晩年の足跡及び当地へのメッセージ他

事業家としての竹村の最終の務めは第一海上火災保険の取締役であった。併せて麹町区会議員、東京市会議員、同参事会員を務め、本県を地盤に衆議院議員に当選した。かくして竹村の生きざまは、「神算鬼察を以て推さるる通信記者を統御し能く興論の先鞭となり、時弊を是正して其の天職を遂行して已まざる。眞に國士の典型と賛稱するも溢美にあらず」と評された。（出典、不詳）

竹村の当地に対するメッセージとして、旧版『高田市史』付録『上越発展策』において、竹村の提言も収録されている。後出の全文を参照されたい。

大正九年（一九二〇）、戊辰の役五〇年、西南の役四〇年戦没者祭典に寄付金を寄せ、高田藩士の出兵に思いを寄せ戦友を偲んでいる。

最終住所、東京市淀橋区柏木四ノ九六五『在東京高田舊藩士住所録』昭和六年調、没年月日、昭和一五年（一九四〇）六月九日。

参考　竹村良貞氏　談

有體に云へば、今日の高田は農村の稍や發達せるものであって市としては未だ其資格を具備してゐるものといへない。随て市民の氣風も尚ほ農村的氣風に捉れて郡市的氣風の向上を認むることが出来ないのである。謂ふ迄もなく農村的氣風は其市民をして徒に保守退嬰に安んぜしめ、都市的氣風は其市民をして常に活動進取に傾かしむ、我が高田市が保守退嬰に晏如とし都市としての發達に見るべきもの丶ないしは市となり日尚ほ浅きに依るも、主として市民の農村的氣風に禍されつ丶ある結果と謂なければならぬ。されど此の農村的氣風を打破して都市的氣風養成に努むるなくんば、高田市の将來は決して楽観を許さないのである。

高田市の現状は商業上に於ても殖産工業の上に於ても、之と云って成績の挙ってゐるものがない。銀行も澤山あるが健全なる基盤の上に立って良好な營業状態を持續してゐるものは洵に寥々たるものである。會社事業としても唯一會社の以外には比々皆な萎微して振はざる境遇にありだ、加之現在の事業にせよ、又新らしく企劃せんとする事業にせよ、高田には遺憾ながら經營者たる人材と資本に缺乏して居る。是等は實に高田の事業の蠢々として不振を唱へつゝある所以である。然らば奈何にして高田市民をして此の農村的氣風を脱却し都市的氣風に趨かしめ、同時に殖産工業の隆盛と相俟って高田市の面目を一新すべきかと云ふに、之は無論長き歳月と、教育の効果に倚頼しなければならぬ事であるが、先づ刻下の問題としては家族的工業を授け、大に之を奬勵すべきであると思ふ。由來高田は一年の約三分一は雪に埋没せられ、為す事もなく爐邊の閑話に耽るといふが、其常習である。此貴重なる時の空費を經濟的に利用し併せて市民に産業上の思想を熄起せしむるといふ事はもっとも緊要事ではあるまいか。近年バテンとか麻繋ぎとか云ふ手内職が弗々行れるやふだが、今一歩を進めて市の當局なり、先覺者なりと協力して各方面の調査を遂げ、忽ち生産過剰を來す如き虞れなき有利の仕事をばドシドシ奬勵し、材料の供給販路の斡旋等にも意を用るやうにして貰ひたい。手工業以外に於ても副業的の養蠶を奬勵するも好いであらう。養蠶は高田の地に不適當といふ理由もなく、之が段々に盛んになるに連れて織物業も起るでに至るであらう。要するに奬勵宜しきを得て市民の自覚を促し、以て生産業務に勉むるに於ては唯々市として形而下の利益あるに止まらず、形而上にも大なる効果を収め、茲に教育と相俟ちて漸次都市的氣風じゃ養成せられ、他の都市の發達せる如く、同一の經路を經てやがて高田市の發達を事實の上に示す事となるであらう。以上は現下に處する一提案である。

若し夫れ高田市發展の一大劃策に至りては、裏日本關門の開放即ち郷津灣の築港をば叫ばなければならぬ。蓋し同灣の築港は高田氏發展の為には唯一の鑰鍵たるものであらふ。

十一、庄田直道　明治の時代を駆け抜け事績を今に

庄田直道略伝

庄田直道家は、榊原家の家臣として十六石三人扶持を給付せられ、中々殿町（西城一）に住まいがあった。直道は、天保八年（一八三七）、庄田瀬左衛門（代官役）の子として誕生した。通称、傳次郎。号は真清水翁、落花軒と称した。直道は、兵法を宮川胆斎（甲州流）と柴田一郎（山鹿流）に学び、川上直本に儒学を学んだ。藩の故實に傾倒し、生涯にわたって研鑽に努めた。

安政五年（一八五八）正月六日、家督を相続し、同年十二月九日、代官役に就任した。

庄田直道

維新に際して軍務局に入局し川上直本を補佐し、明治四年には権大属となり十三出仕、官禄五十石を受け学務を司ったが、間もなく民政局に移った。

廃藩置県に際して家禄を返還し替地を求め、土地を運用して得た果実を基に授産事業の振興に努め、機織工場を開設し「高田織」を世に出し、百三十九銀行の創設に尽力した。次いで榊神社の創建に傾注した。西南の役に際して、同志を募って従軍した。同二十九年（一八九六）、「越後頸城郡誌稿」の編纂を有志と共に着手し、同三十三年に稿本十二編、二五冊を完成させた。本稿は、地域史研究の基本資料となっている。

同四十二年逝去、七十八歳（『高田市史・巻一』）他。

所で、庄田の没年月日である『高田市史。巻一』では、「四十三年四月六日」としているが、次掲の「高田新聞」の庄田の逝去の報道では「四十二年九月六日」と見え、誤記と思料する。

授産会社を興して「高田縞」世に知られる

庄田が手掛けた「高田縞」については、旧版『高田市史』に「明治五年、庄田直道宮川頼徳寺結城機を用ひ、木綿織を試む其の製品を高田縞と呼び当市の一名物となりしが発展の運に至らずして止む」と見え、操業当初は珍しがられたようであるが、時期が早かったせいか、庄田の婦女子の就業の理念を実現することはできなかった。庄田と共に事業を進めた宮川頼徳は、諸事を広く事こまかく記録し、明治三十九年、明治の高田の世情を記した『高田富史』を発刊した。残念ながら、庄田と共に創設した「高田縞」についての記述は、見られないが、明治三十年代に操業していた「佐藤織物会社」の記事の中に「高田地縞木綿」、「高田縞」が見られ、事後も何らかの形で継承されてきたようである。

「佐藤織物会社」鍋屋町にあり高田地縞木綿販売開業し従来旧藩内婦女子の地縞木綿を郡内其他各地方へ売捌きしに正確と廉価等に依て販売拡張せるを以て明治三十三年表記の如く改称せり之依て各所に同業

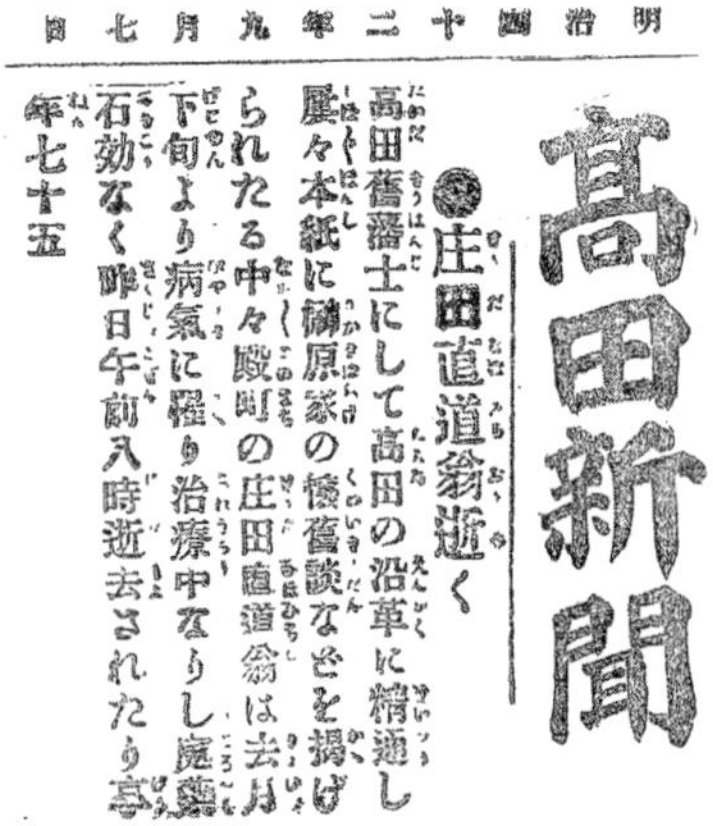
明治四十二年九月七日

高田新聞

●庄田直道翁逝く

高田舊藩士にして高田の沿革に精通し屢々本紙に榊原家の懐舊談などを掲げられたる中々殿町の庄田直道翁は去月下旬より病氣に罹り治療中なりし處藥石効なく昨日午前八時逝去されたり享年七十五

新聞紙面「明治四十二年九月七日」記事に「昨日午前八時逝去」とある。

者を増加し結社するあり兎に角高田縞とて各地方へ輸出産物となりしは喜ばしいがこの頃解散し煙草製造所と成時勢の変遷に依り機に乗し利害を謀るは商家の最も貴重する所なり（『高田富史』より）。

（注）原文に準じて句読点はつけなかった。但、旧字体は新字体に、俗文字は正文字に改めた。

佐藤織物合資会社が設立した明治三十三年、高田には織物業者三八戸となり、この年、高田織物組合が組織された。続いて四十一年には四ノ辻町（西城町三）に倉茂工場綿織物を織った。

かくして、大正二年（一九一三）には、二会社、一七戸が織物関係に従事し、動力機械は六三〇台に達し、その数、県内第一位で、年額四六万円に達した（『高田市史・巻二』）。

宮川頼徳の末裔であり京都在住の宮川通氏は、宮川家のあゆみを纏められていたので、高田縞のサンプル及び関係資料の教示を申し出た所、「高田縞のサンプルはもとより資料も残っていないで当方も困惑している」との事であった。なお、同家所蔵の文書資料は、現在、上越市公文書センターに「宮川家文書」の名で寄託されている。

藩祖榊原康政を奉ずる榊神社の創建に尽力

明治の世を迎えると、政府は近代国家成立に向けて身分制度の廃止、国民皆兵、義務教育の普及等々様々な改革が進められた。これに伴って高田藩士族のあり方、子弟の将来等が問われるようになってきた。

急速な変化を展開する時流の中、庄田らの呼びかけで旧藩士挙げての集会が開かれた。この席上で庄田は、激しい時代の変革に処するには、『礼記』にみられる。「報本反始」の精神（根本に立ち返り、その恩に報いる）の涵養、護持の大切さを説いた。そしてその具現は、藩祖榊原康政を祭神とした神社の創建にあると力説した。庄田の提言は旧藩士らの心情を揺さぶり、旧領の人々にも響いていった。

やがて、神社創設の役員として伊藤弥惣、川上直本、伊奈登、伊奈好蔵、竹内宰、鈴木重喜、柴田一郎、庄田直道等が選ばれ、竹内宰が組頭を務めた。慎重な協議をたび重ね、神社の名は榊神社と付され、社地は藩主の別邸であった対面所となった。明治八年十一月、県庁に創設請願書を提出し、同年十二月二十七日付をもって認可を得た。

直ちに神社の建設に入り、翌九年七月に竣工した。これにより組頭竹内宰は上京し、榊

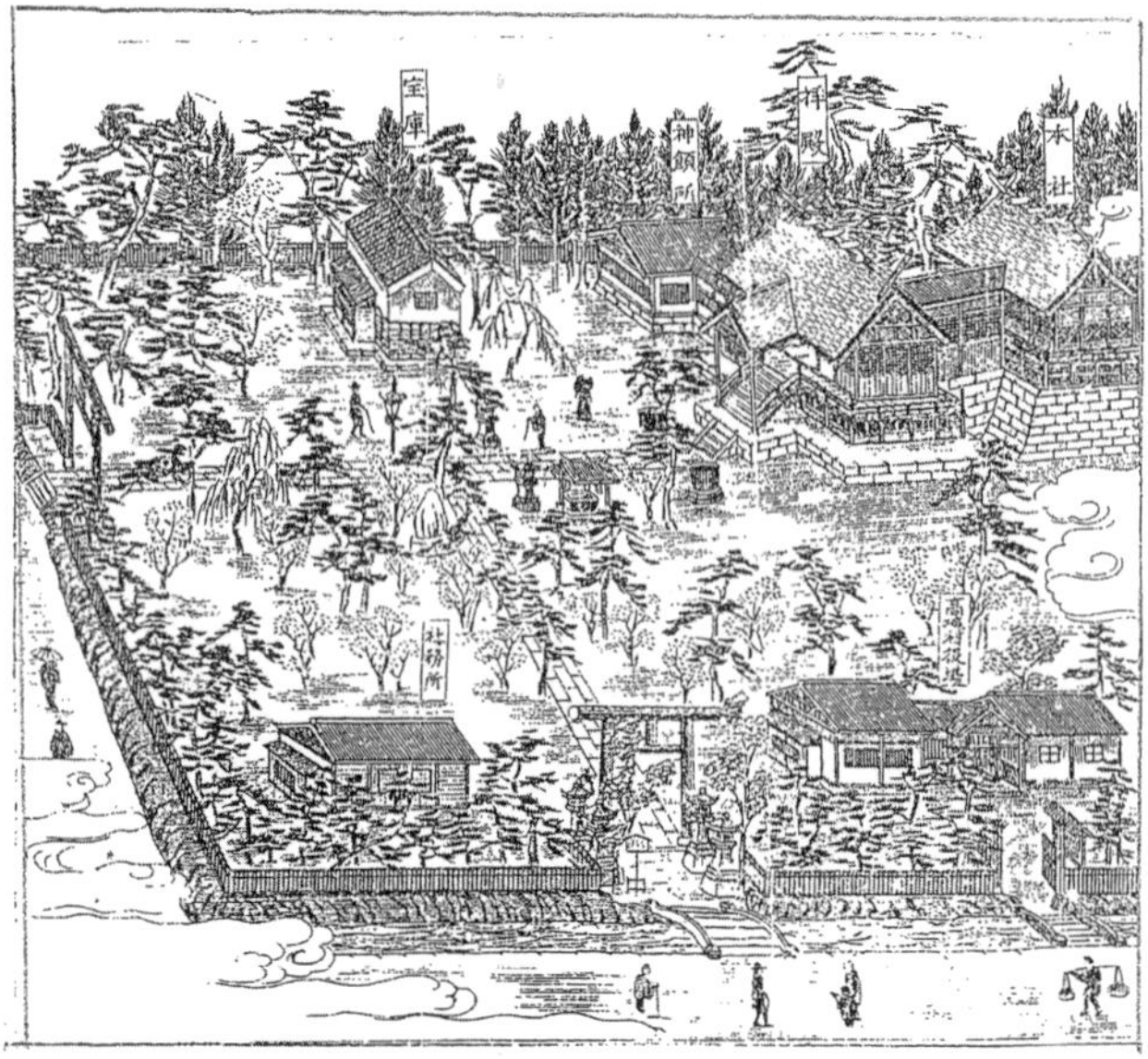

原家から神器として藩祖の鎧と短刀を拝領し、有栖川宮家からは社名額「榊神社」を徳川家からは「輝大義古今」の額を受領し神社の品位を高めることとなった。同年八月一日、盛大な遷座式が挙行された。これにより旧藩士の結束を高めることとなった。

　上掲の榊神社の図は、庄田直道が後年著した「追思有感」に見られるものであるが、感慨ひとしの思いを込めて残されたものと思われる。

西南の役に警視として従軍

　明治十年（一八七七）二月十五日、西郷隆盛ら鹿児島士族による最大にして最後の士族の反乱が勃発した。鎮圧に向けて軍が当たったが軍の常備兵士では足りなかった。急を要する事であり、内務省において大久保利通を補佐していた前島密の企画によって志願巡査の徴募がなされた。徴募の知らせが当地に届くと、総勢五四一名が参戦した。内訳は、警視別働隊三一五名、新選旅団二二六名、内、戦死者は二八名となる。この数値は、戊辰の役五十年。西南の役四十年祭執行に際して作成された「人名表・西南之役高田藩」による。報告書により異同が見られるようである。何れにせよ、全藩士の三割に及ぶ人々が参戦した事になる。

このように多数の旧藩士が参加した背景として、先年、創設された榊神社はいやが上にも戦意の高揚を図り、社務所において情報の周智、事務の推進が進められたとも思われる。推測の枠に過ぎないが、社務所に訪れた庄田の姿に「高田藩士として君国の為に面目を施す斬秋なり…」との意思、意欲を言外に感じた者が多かったのではと思われてならない。

庄田直道は「警視別働隊警視補」として伊予宇和島方面の警備についた。一族の宮川頼徳も本隊に属し、詳しい従軍記を残している。なお、本隊の小隊長榊原謙斎は、戦後、帰還途中の船中においてコレラに罹り死没し、戦死者の欄に名をとどめている。

西南の役後、従軍者は榊神社に次のものを奉納した。

・宝蔵一棟及び基金拾円　新撰旅団
（平成二十七年大修理がなされ、社地の風致を高めている）
・表門の石垣及び玉垣　警視第一大隊二番小隊
（往時の石垣には、献納者の名が刻まれていた）
・境内地一反七畝二四歩　警視第一大隊二番小隊
・大旗一流（勝海舟揮毫）　別働隊第参旅団新二番及び三番小隊
・境内の植樹

文林書院を設け子弟の育成に努め、中等教育充実に意を注ぐ

文林書院は、中々殿の庄田家に接して設けられ、高田で中等教育を学びたい向学の子弟を寄宿させて就学の便宜を図ると共に、立志、品格の向上を説く塾であり、院生の中に、相馬昌治（御風）もあった。

御風は明治二十九年（一八九六）、十二歳で中頸城郡尋常中学校に入学した。同校は三十三年に新潟県立高田中学校となり、翌年三月に卒業した。彼は往時を振り返って「私の下宿は、ただの下宿ではなく、古武士的猛練成の伝統を固守する庄田直道翁の家塾であっ

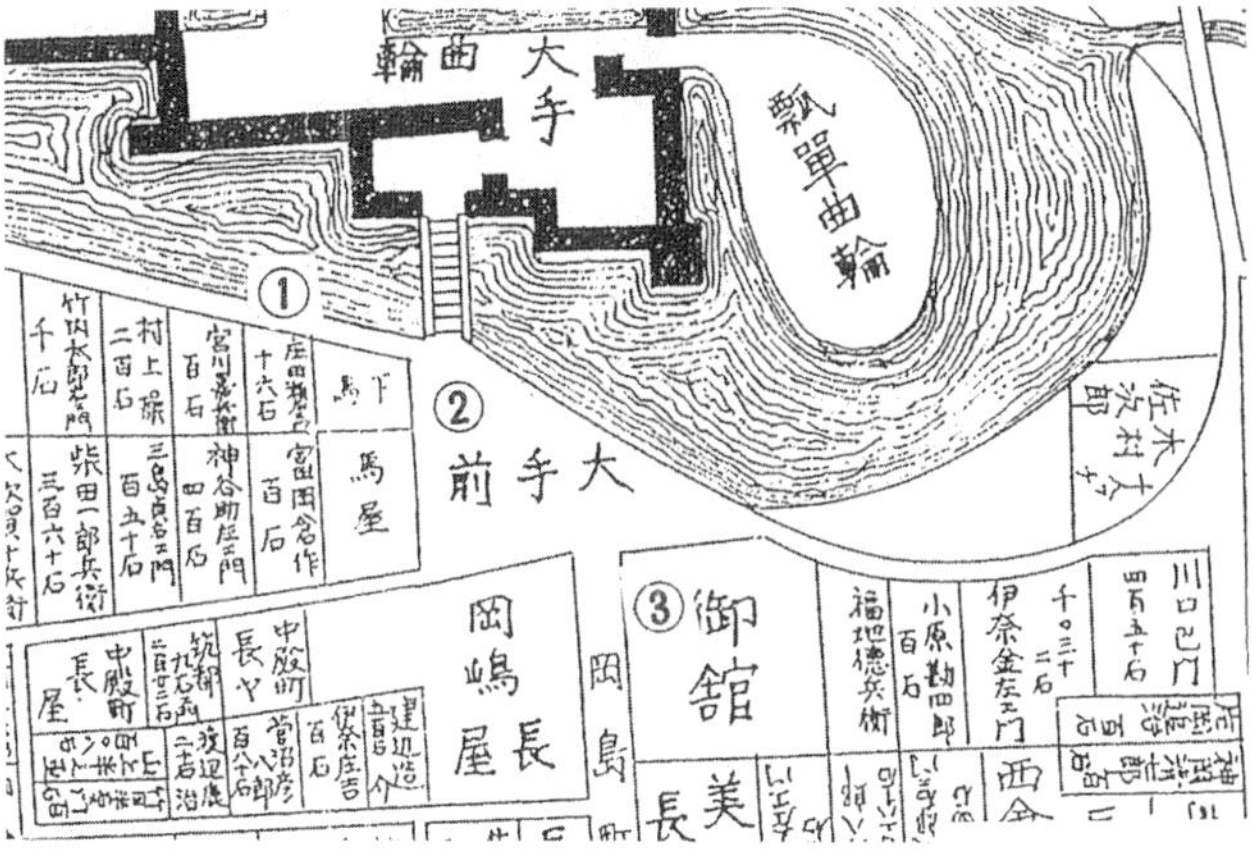

安政・文久年間高田家中図（部分）
①庄田家、左隣り宮川池　②中頸城郡尋常中学校所在地
③榊神社の境内

た。直道翁の訓育ぶりは猛烈を極めたものであったが、私達に対する情愛は親にも劣らぬ温かさであった」と庄田の思いでを語っている。

炊事についても生活の習練の場であった。日々の菜は、「保命日記」と題する帳面があって直道が几帳面に前日に明日の朝飯は豆腐の味噌汁とか、昼飯が何、夕飯が何と何と一々記されているので、交替制の当番の者は献立に苦慮する事はなかったと伝えられている。

御風が入学した前年の二十八年、中学制度度が改正されて、新入生ともに増して新校舎の建設の必要が迫られた。そこで県会に「尋常中学校拡張に関する参按」が提出された。県は教育補助費との名目で土地購入費を補助する事でこれに応えた。高田においては、高城村馬場先（高田城南方外堀の外縁で現高田高等学校の所在地）を建設地と定めて、三十年に工事に着手し、翌年四月に落成した（『高田高等学校百年史』）。

完成した校舎その管理について、「校舎の窓はハリ（ガラス）で、外部は栗色のペンキが塗られ、門は西洋式の柵ありて生徒の出入りを改める」（『高田栞』）と言う近代的な様相を示していた。

話題は変わるが、次は庄田が残した書き物の下書きである。

（前略）、針村増村氏若手、三年先修行相済、帰村致亭主只今品行行届ノ人物ニテ家産六、七万円を挙ゲテ同村ニ中学校ヲ設立シ地方教育ノ為メ十二分ノ力ヲ尽シ可申計画明年四月ハ弥発表シ可申とノ覚悟ノよし然シテ郡内中学校ヲ見ルニ至テ不振之模様ニテ是迄苟且ニ在之候処此警鐘ニ目ヲ醒シ大奮発と出掛候由可祝々々（中略）此大建築ヲ当年ヨリ目論見仕上迄ニハ三ヶ年を掛ル都合リよし此三ヶ年中ニ宅家計ハ無借財仕舞ヲ遂ケ其上ニテ当地ノ屋敷及ビ学校敷地合テ壱丁ニ段余ヲ以テ資本ノ基礎トなし最終ノ覚悟リ通リ（中略）目的ヲ達スル覚悟専一ナリ（下略）（『高田市史・巻一』）。

そこには、板倉村針の学なり郷里に戻ってきた若い増村度次（朴斉）の教育に捧げる意思と実践力に敬意を示し、急速に展開する昨今の教育強化の動きに対して、不測の事態を危惧していた様子が伺える。

郷土の歴史を精査し「越後頸城郡誌稿」を編集す

「越後頸城郡誌稿」は、庄田直道を筆頭に十六名の旧高田藩士が、明治十九年（一八八六）に編纂に着手し、同三十四年（一九〇一）に編集を終えた労作である。

本書の編集の端緒は、同十七年に農商務省の役人が来高し、頸城郡内の沿革事歴を質したことに端を発する。編集終了後も編者たちは修正加除に努め、最後は文学者相馬御風、歴史学者布施秀治に校閲訂正を依頼した。相馬が朱書した稿本を、布施が新たに章立てをしたり、一章を分割したりして編集をし直した。それらを清書した「訂正頸城郡誌稿」底本（全三〇巻）、収集した絵図三八葉が加えられ、大正期、高田図書館に納められた（「平成十二年・図書館新収蔵品展」資料他）。

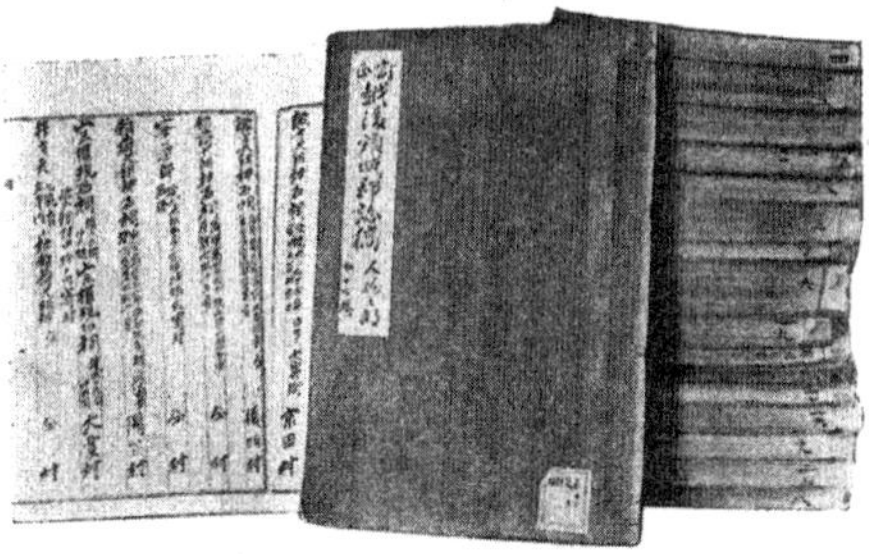

『訂正越後頸城郡誌稿』高田図書館蔵

昭和四十四年（一九六九）、新潟大学中村辛一教授外四名になる「越後頸城郡誌稿刊行会」によって、前出「訂正越後頸城郡誌稿」が、全三巻（上巻、下巻二巻、附図）活字本として公開された。本書は、郷土史のみならず藩制、民俗、言語等多方面の豊かな資料源となっている。

次ぎに「越後頸城郡誌稿」の編纂者の名を記し、長きにわたっての労苦に対し敬意を表したい。

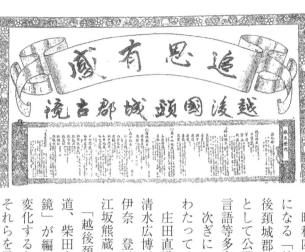

庄田直道、前田助作、藤井長裕、柴田一郎、九代弥五郎、清水広博、村山元忠、丹羽半三郎、岡本広業、山路精一郎、伊奈　登、建部与惣太、岡本源十郎、竹内　宰、宮川頼徳、江坂熊蔵（『訂正越後頸城郡誌稿下巻』による）

「越後頸城郡誌稿」の編纂が終了した三十四年、庄田直道、柴田克己両名の名において「追思有感・越後頸城郡古鏡」が編纂され、発刊された。その序には、「…世の中は変化すると言えども、其の基づく所には必ず源がある故に、それらを尋ねる手掛かりとして、当地の概況についてを一覧、或は図に示して軸にまとめた」との意が記されている。紙面の模様は縦一二〇センチ、横五〇センチ程になる。

「古鏡」の構成は、「題字」以下、五区分からなっている。第一区は「歴代城主」「修道館図・榊神社図（前出）」、第二区画は「高田城総郭名称」、第三区画は「藩士禄高姓名」、第四区画は「頚城郡村郡村名石高」及び「町年寄、名主、御用達、御用医、郷士、大肝煎、預地総代、糸魚川藩士」等々高田藩関係者が一覧できる。第五区画は「高田城下図」、「関所図（三関所）」等が納められている。これらにより、高田藩の概要、藩士及び藩を取り巻く人々の氏名が一覧でき、便利な資料と言える。なお、校閲者は江坂熊蔵、安西広文が務め、題字は小島堅吉、小倉右馬の筆になる。全て旧藩士である。本書の印刷者は、高橋有吉であり、ここでは「彫刻印刷者」と見えている。「越後国頚城郡古鏡」の印刷文字は、活字ではなく、手彫り文字であり、どのような資材を使ってどれ程の時間をかけて製版したのであろうか感嘆させられる。

子弟三人を北海道の開拓と警備として屯田兵村に送り出す

屯田兵は、北辺の防備と開拓をかねて北海道で実施された土着兵制度であり、明治六年

「屯田兵村」太田村兵村、和田村兵村の位置。
釧路に太田兵村、根室に和田兵村

（一八七三）、開拓次官黒田清隆の建白によって決定し、八年、最初の屯田兵村が札幌郊外の琴似に設置され、宮城、青森、酒田各県及び北海道の士族一九八戸数が入植した。兵村では軍隊生活を以て開墾農事に当たり練兵が行われた。三十三年募集停止。三十七年屯田兵条例が廃止される迄、二五年間に入植した兵村は三七ケ所、兵数は七三三七戸、開墾実績二万三八二町歩であった。

　高田藩の入植は、二十年前後、二期にわたって入植が行われた。入植地は東太平洋海岸部であった。

第一陣は、十九年（一八八八）六月五日の和田兵村入りであった。和田兵村は、根室市街地から南西四キロの地点に置かれ、高田藩士族は、三五名（戸主のみの数）であった。

　第二陣は、二十三年六月二十六日の厚岸地区の太田兵村に一七名が入植した。本村には、庄田直道の長子稲美を戸主として弟、萬里、小五郎が入村した。和田兵村の地は、釧路台地にあって、千島海流の影響を受け、夏季にはガスが発生して太陽の光熱を遮ぎるので農業生産には不向きな地であった。

和田・太田両兵村ともに営農収益は、札幌・旭川地区の兵村に比して三分一以下しかなく、三ヶ年の給与保証期間終了すると、退出者が見られた和田兵村、太田兵村は開拓地として不向きであり、定住できなかった異例の兵村とし知られる（『高田摘誌』より）。

庄田が「頚城郡誌稿」の編纂に着手すると稲美は、資料整理の手伝いの為に帰郷したが、萬里、小五郎は当地に残る事となった。

余談になるが庄田は、屯田兵のみならず海外の移民についても関心を持っていた。榎本武揚が墨国移民会社を設立して移民を奨励した頃、庄田は榎本の意見を求めて上京したが取次者により門前払いを受けた。後日、高田藩士の子で東京帝国大学在学中の竹田太郎氏が榎本の子と同学との縁によって再三面会し、榎本から請われる事もあったと言われている。それが故に、中頚城郡からも墨国、布哇等に移民を送りだしてきた（「高田新聞」明治四十二年九月十日「故庄田直道の事ども」）。

「北海の仁医」と慕われた庄田萬里

北海道に留まった萬里は、明治二十七年（一八九四）札幌農学校を卒業し、屯田兵村看護卒となり紋別郡湧別浜に移った。だが看護卒としての医療にあきたらず、三十四年

（一九〇一）年、三一歳の年齢にもかかわらず、東京慈恵医学校で学んで三十七年、医術開業試験に合格した。次で大阪市石神病院にて二年間臨床実習を務め湧別村に帰って、生涯離れることはなく医療に尽くした。大正五年（一九一六）北湧医院を開設、昭和十四年（一九三九）久美病院開設に際して、機会医療品の一切と基金六万円を寄贈して一病院医として勤めた。その間、北海道タイムス文化賞、北海道庁長官表彰を受賞、上湧別名誉町民に推選され、藍綬褒章受賞等数々の栄誉を受けながら八五歳まで診療に従事した。

庄田萬里肖像

同三十九年（一九六四）、上湧別の自宅で病没、九四歳であった。

庄田翁逝く、畏友柴田克己の告別の辞

庄田直道は、明治四十二年九月六日、七五歳で死去し、八日、上寺町の孝厳寺で告別式が挙行された。次は、畏友の柴田克己の弔文である。庄田の生きざまが鮮明に吐露され胸

をうたれるものがある。

嗚呼、丈夫世にある道義を重んじ節操を尊び思ふ所を行ひ、欲する所を為し、富貴に汲々たらず、貧賤に威々たらず、俯仰天地に愧づる莫くんば、是れ亦足る、わが老友庄田君の如き豈其人あらずや、君、家世々榊原公に供へ、元治、慶応より明治の初年まで、刀を藩事に尽くし、或は藩学を管理し、条例規則を定め、設備の完全を計り、或は民政に与り、農兵を設け、民業を起こす、其成績見るべきものあり、廃藩置県の後断然意を仕途に絶ち、衆に先立ちて家祿を奉還し、同志と機業を営み、専ら独立自治の方に立つ、其他銀行、女工場の創立、士族授産金下附、榊神社の建立、頸城郡誌の編纂等、君が東西斡旋意匠惨憺の力に因て、其功を見る者多し、十年の役概然徴募に応じ、半隊長となり、予州宇和島方面警備の任に尽す、君人となり敏活、能く機先わ見、議論人の意表に出づ、故に一聞奇を好むに似たりと雖、能く其内容を察すれは、理に中る者多々あり。余君と交る四十或は事業を供にし、或は固く国難激烈、口角沫を飛ばし、傍人汗を握る。議論止めば志気和平、恰も疾風甚雨の忽ち晴れて天地瀾然たるが如し交、情益々親密を加ふ。甞て余に語て曰く、余死せば葬式神仏を用へず武士道を用へん、君能く引導するか、余之を諾す。然れども常時君が元気旺盛なるを見て近く其言を賎むを思はす、今や突然君が訃音に接し感慨転々切なり、夫れ死生禍福の理は君が多年研究覚悟する所なれば今余が蝶々を待たずと雖も、聊か一言を述べん。

有無往来　衆散無情　一条妙理　万吉不滅　卓役先覚　心脹如鉄

《参考資料》

- 『高田市史・巻一』市史編纂委員会（高田市役所　昭和三十三年）
- 『高田摘誌』村山和夫著・二〇〇一年　北越出版刊
  「高田藩における屯田兵入植　―太田兵村を中心に」
  「庄田直道翁の事ども　―「高田新聞」記事より」
- 『北海の仁医庄田萬里翁』尾崎凧四郎著（鳳文閣　一九七五年）

十二、藤縄英一　民間航空機操縦免許第一号取得者

藤縄英一は、明治二八年（一八九五）八月二六日、中頚城郡稲田町六軒町（現、上越市稲田）において藤縄五作の三男として誕生した。後、当時の高城村（現、上越市北城町辺り）に居を移した。小学校は、兄の正三と共に高田師範学校付属小学校に学んだ。その成績は優れ、尋常四年の時において、五八人中、首席で一〇科目の総点が九九点であったと言う。なお、心性概評には、「性質佳良にして熱心に勉強する。友愛深し。動作は頗る沈着の方なれども而も運動を好む。言語は明快を欠けども而も力あり。能力明断にして凡てに長ず。実に模範的な児童なり。」と見えている。

父、五作は、金融業を営んでいた。本家の藤縄清治は五作の従兄弟に当たる。藤縄清治は明治二六年生まれで、潟町村会議員、同助役を経て潟町村長に就任し村政に尽くし、そ

の後、県会議員となり議長を勤めてきた。古川フジは、藤縄清治の姉であり、これまた従姉妹当たる。フジは、高田家政女学校を創設しその校長を勤めてきた。現在、本校は上越高等学校に継承されている。

明治四一年（一九〇八）、英一は県立高田中学校に入学したが、家政上の都合で三年にして退学して東京に出て下谷金杉町に移った。ついで、京都の奥村電気商会に二三歳まで勤めてきた。ここでは、電気に関する知識を学ぶことができた。大正五年（一九一六）、第一次世界大戦御勃発を機に、栄一は京都での修行を生かして、兄と共に東京市浅草山谷において、資本金六万円の株式会社藤縄電気商会を設立した。商会では、専務理事として活躍してきた。

大正九年（一九二〇）、二六歳の時、兄の正三とともに千葉県州崎で開かれた飛行機大会の見学に出向いた。飛行場には一〇数台の飛行機が並び、アメリカ人のバースらの参加もあって見物人も多く熱気に溢れ盛会であった。

藤縄英一
1895 ～ 1921
明治 28 年 8 月 26 日生、
大正 10 年 12 月 15 日没

飛行機大会で数々の妙技に接した英一は、たちまち飛行機の魅力に取り付かれ、商会の仕事は兄の正三にすっかりまかせ、その翌日には、小栗飛行学校に入学した。この小栗飛行学校は、先の飛行機大会の主催者であった。六ヶ月間の修行で三等飛行士となった。この間の飛行時間は。凡そ六時間程度で、経費は、七二〇円であったと言う。大正一〇年(一九二一)、政府は航空局を設置し民間航空についての管理及び指導に乗り出すこととなった。その一環として民間飛行家に免許制を導入した。これまで飛行技術を習得した民間飛行家は、こぞって航空局に申請書を提出したが、その歴史的第一号免許状は、はからずも英一に下附されることとなり、同年五月二二日に免許状の交付がなされた。

当時、民間飛行家の収入は、東京の上空で宣伝ビラを撒きがせいぜいであり、航空事業での収入はあまり期待できなかった。その中、英一が飛行家として活躍できたのは、兄の正三の並々ならぬ後援によるものであった。

航空機が将来どのような使命を担っていくものか定かでない時代にあって英一の頭には、飛行機は新しい交通運輸手段に止まらず多くの新しい事業を生み出す可能性を秘めていることを確かに把握していた。そこで航空免許を得た英一は、同年六月、浅草山谷の藤縄電気商会内に飛行機研究所を設け、付属事業として神田錦町の工科学校の教室を借りて「東京航空練習所」を設け、その所長となり、練習生を募集し育成に勤めてきた。東京航空練習所では、講師に工学士、理学士三〇余名を依頼して、飛行理論を明らかにし、航空知識、航空思想の普及にあたってきた。ここで学んだ鈴木菊雄は、後に「帝国飛行学校」の校長となった。この間、郷土訪問飛行も計画してきた。この準備に当たったのは兄の正三であった。事業の推移について、新潟県庁に出向き後援を求める一方、各新聞社を廻って必要資金の調達を図ってきたが、この壮挙について賛同しても、資金の目標額一万円は集まらなかった。やむなく計画の一部を変更し、飛行機は分解して高田まで運び、そこから飛行することにした。残念ながらこの事業は終に実現できなかった。

同年二月頃から、英一は我が国で最初の四人乗り飛行機の製作にとり掛かった。当時の飛行機は、「中島」及び「中西」の両製作所で作られるだけで、実用化され活躍していた飛行機は、「中島式八〇馬力」が最も多かった・本機の製造費は約八千円を要した。

四人乗り飛行機の設計に関しては、英一自らが当たった。英一は、収集してきた外国の飛行機の諸資料とこれまでの飛行経験に加え、高木海軍大佐の指導・助言によって設計書が完成した。エンジンは、兄の正三の懸命な奔走で「イスパノスイザー二二〇馬力」を一万三千円で入手した。機体は、三河島の電気器具工場で中島式八〇馬力を参考にして製作が開始された。当時の飛行機の機体の素材は、木製でサワラ、ヒノキが中心で、製作には指物大工の職人があたった。翼は軽くするため、ところどころ刳りぬき曲げた木を補強し麻布が張られた。製作費用は約三万円余を要し、製作日数は一〇ヶ月程掛かり、一一月十五日に完成した。機体が完成すると直に検査を受けたが、努力の成果が認められ、最上位の「甲種」の判定を受けることとなった。

大正一〇年一二月一五日、英一は、帝国飛行協会主催の飛行大会において、「藤縄式イスパノスイザー二二〇馬力号」をもって望むために、千葉県津田沼の飛行場（現、習志野市）に出向いた。飛行計画は、津田沼から東京上空方面であった。

英一の操縦する二二〇馬力藤縄機は、東京湾の上空に差しかかった午前一一時頃、残念なことにエンジンに故障が生じ、東京湾に突っ込み無惨の墜死を遂げてしまった。若干二七歳と言う前途ある若さであった。藤縄英一の航空機事故は、我が国航空界にとって六四人目の遭難死であった。当時の新聞に、「県下唯一の飛行家・惨死せる藤縄氏」と題して報じてきた（本稿末尾に資料として掲載）。

因みに我が国の航空界最初の犠牲は、大正二年（一九一三）三月二八日の徳田・木村両中尉の所沢での墜落惨死であった。続いて五月四日には、アメリカ帰りの民間飛行家の武石浩波が京都深草練兵場で墜落惨死して民間飛行界最初の犠牲者となった。何分にも草分け時代であり、飛行機事故が跡をたたなかったようである。

藤縄英一が飛行機に情熱を打ち込んでいた頃、郷土の市民と飛行機の出会いが始まった。

大正二年（一九一三）、松平忠輝が高田に城を築いて城下町を開いてから三〇〇年目に当ると言うことで「開府三百年祭」が開催された。三百年祭の諸行事の中で最も人気の高かったのは、飛行機大会であり県下に飛行機が飛来したのはこれが最初であった。明治四三年（一九一〇）一二月一九日、陸軍の徳川・日野両大尉が、僅か地上一メートルの日本最初の飛行をしてから僅か三年足らずで早くも市民にお目得することとなった。

飛行機は「鳳号」と言う奈良原式の複葉機で、搭乗者は、当時日本においてただ一人の民間飛行家白石栄之助であった。八月二七日、中田ヶ原練兵場で試験飛行を行い、九月一三日の本大会には、高度一〇〇メートルで場内を三周した。翌一四日は、高さ二五〇メートルで場内を八周した。プロペラの爆音に度肝を抜かれた市民は、熱狂し飛行機が着陸すると機の周囲に歓声を挙げて殺到したと言う。気の回る商人が模型飛行機を大量に持参したが、文字通り飛ぶように売れていくら補充しても足りなかったと伝えられている。

続いて大正六年（一九一七）七月には、アメリカの曲芸飛行家アートミスが興行師に連れられ高田にやってきた。興行であり入場料をとるために金谷山まで縄を張り巡らしたが、観客は怒りだす一幕もあった。さらに、初日の一四日はエンジンの故障を起こし飛べなかったので観客の非難の声が高かった。一五日には、エンジンを交換して飛行することができ、急角度の上昇がまず市民を驚かせ、二千メートルの上空から黄煙を引きながら、横転、逆転、

高田開府三百年を記念して「鳳」号が招待された。本県において、飛行機が飛来したのはこれが最初であった。

宙返り、木の葉落し、キルク抜き、アーチくぐり、地上接吻飛行、観客の頭上にすれすれの低空飛行と、自在な曲芸に観客を充分堪能させた。飛行機が着陸すると、母のキスを受けたことも見慣れない観客に異様の感銘を与えた。続いてスミスは、豆自動車で場内を一周して観客に挨拶をした。観客からは、スミスの妙技とサービス精神に対して限りない拍手が贈られた。

このように市民は、飛行機の素晴らしさを目にし、これからの新しい時代に夢を馳せていた矢先、航空界のパイオニアとも言うべき藤縄英一の痛ましい死は、人々に大きな悲しみをもたらしたに違いない。

「高田日報」大正十年十二月十七日（土曜日）より

縣下唯一の飛行家
慘死せる藤縄氏
新道村生れで冒險好き
電氣事業の成功家

一昨七五日千葉縣津田沼飛行場の上空で藤縄式イスパノスイザー二二〇馬力に搭乗練習中突然發動機に故障を生じ無慘の墜死を遂げた藤縄英一氏は當地

稻田に 生れた人で本縣出身唯一の民間飛行家であるが氏の經歷に關し從弟藤縄三治氏及びその母が涙乍らに交々語る處に依れば英一氏は當年二十七歳で生れは新道村の稻田父五作の第二子である小學教育は高田師範附屬小學校で受け高田中學へ入つたが

家政上 の都合で三年にして中途退學し家を飛んで東上した偶京都電業家奥村氏の知遇を受け京都に移つて氏の援助の下に工學に關する智識を修學し二十三歳迄に電氣に關する一通りの智識を學び得た折しも丁度歐洲戰爭の起るあるを見て

血氣の 氏は獨立にて電氣事業の經營を開始せんとし奥村氏の反對にも拘らず單獨上京し遂に早山谷に於て電氣商會を經營する事になつた處が戰爭の影響を受けて事業大いに當り有利な開したので之れを三十萬圓の株式組織とし自ら

社長と なつて手腕を揮つたが暫らくして重役等と衝突する所となり遂に自ら退いて事業を實兄田三氏に讓つたのは昨年の末頃てある彼が飛行界の人たらんこ

と志《こゝろざ》したのは實に此時であつた彼は生來非常な冒險好きの青年で機械製作等に

興味を

有し幼少の頃より父の職むるをも聽き入れずオートバイに乘ることを好んだ位で飛行家になるには適當の素質を備へてゐたらしい、それで先づ前から交際してゐた小栗飛行家の飛行學校に入學し今年四月卒業して

飛行士

の免狀を得る事になつた第一回の晴れの公演は今年夏芝浦で行れた帝國飛行協會の飛行競爭の際で餘り成績は能くなかつたやうだがその後天分の優良と練習の熱心でメキ〳〵腕を上げたのに今年若くして慘死したのは惜むべきである、今年は

鄕黨の

有志から後援を受けて藤縄飛行研究所を淺草山谷町に創立することになつてゐた、同氏の遺族としては今年二十才になる榮子夫人及その一子榮作（二才）父五作氏兄正三氏等がある從弟の三治氏は變を聞いて昨夜上京した

十三、小林百哺　和算を激動の経世に生かした

「小林百哺」の号・諱によせて

小林百哺は、幕末から明治にかけての科学者で、数学に秀で測量学、天文学をよくした。通称は祐吉、諱は惟孝、号は百哺、牙籌堂と称した。

本題に入る前に百哺の号について考えて見たい。因みに、諸橋徹次の『大漢和辞典』で百哺の「哺」の義について調べてみると、「ふくませる。やしなふ。はぐくむ。［爾雅、釋鳥］《生哺レ鷇》［注］《鳥子須　母食　之》」と見えている。言うまでもなく親鳥が雛に餌を与えて養うということである。このことから百哺の「哺」には、自身を培ってく

「小林百哺の塾跡」の碑
上越市中央２丁目

れた学問に対する感謝とその伝授への密かな意志を示しているように思われてならない。五智国分寺の頌徳碑に、「受翁之教者前後五千余人」と刻され、自らも幕府の学者小野友五郎にあてた手紙の中に、「門人凡三千人も有之」と記していることからもこの見方についての裏付けがなされよう。やや牽強附会の感もいなめないが。

郷土史の先達者渡辺慶一氏は、「諱の惟孝は、京都遊学中都講鈴木図書世孝から《孝》の一字を与えられたものであり、百哺の《哺》と共に、至孝の観念を表したものである」と述べている。

ちなみに「哺」を使った熟語に「反哺」という語があるが、「鳥が雛鳥の時、其の親から口うつしに養育してもらった恩に報いるため其の親が老いた時、哺食して其の親を返すことであり、これが転じてひとが親から受けた恩に報ずるという意になるということが知られる。なお、「惟孝」の「惟」は、ただ、誠をもって、一途にとの義である。

百哺の生い立ち

小林家の過去帳によると、百哺は、小猿屋村（上越市小猿屋）の農家に生れた。生年月日については詳かではない。五智国分寺境内の碑文に「明治二十年一月九日病没八十四」とあり、これより逆算してみると、文化元年（一八〇四）の生れとなる。八歳の頃、直江津今町の寄町（上越市中央二）の小林籐八の養子となる。この前後、実母、キヌ（篠原兵左衛門娘）は亡くなった。やがて娘の「よの」と結婚した。

幼い頃より学問を好み、今町の寄町の高良鴎鄰について読み、書き、算盤ととりわけ和算について学んできた。天保元年（一八三〇）二七歳の時、京都に上り、司天台都講小島

小林百哺、通称祐吉、諱名を百哺と称した。

小林百哺が愛用した顕微鏡（国立科学博物館蔵）

濤山について暦学を学び免許を得て帰国した。向学心さめやらず再度、六年に京都に赴いて土御門司天官安部晴親について天文、算数、陰陽、暦法、測量を学び免許を得た。塾内で算数の競技ある毎に、賞詞を受けてきたという。

算術塾で門弟の指導に励むと共に藩の軍事に生かす

京都での学がなると郷里に戻り、新町に塾を開いて算盤をはじめ天文、地理、易学を教授した。塾は「牙籌堂」（象牙の牙で作った算盤）と称したが、自身の号を冠したものである。天保八年（一八三七）、土御門家から司天家安部朝臣百哺の号が与えられ、越後国天文陰陽目代となり、愈々その名が高まり、塾生は、県内はもとより長野、富山からも集まった。

十三年（一八四二）、高田藩は幕府の命により領内の海岸鉢崎から市振までの間に二二ケ所の台場（砲台）を築き、四ヶ所の遠見番所を設けることになった。百哺は、これらの設計及び工事の指導に当たり、十八年に完成させることができた。

慶応二年（一八六五）、幕府は征長の勅許を得て、三二藩に動員を命じた。高田藩は徳川四天王の伝統を有する家柄であり先鋒を務めることとなった。百哺は、砲術を教えていた弟子ともに一番隊原田権左衛門部隊に所属し従軍した。五月に出立し途中大阪で待機し、

幕末期の直江津今町の様子。荒川（関川）の河口には遠見番所、海岸の塩谷新田に番台が見られる。これらは、小林百哺の設計、監督により設置された。出典『追思有感』庄田直道編。

十一月芸州海田市（広島市付近）に陣した。陣中にあっては、弟子と共に用意してきた測量器具で現地の測量を試み精密な地図を作成し、夜分には、藩士に数学や天文学を教えるなど活躍し士気を挙げてきた。翌年六月から八月にかけて戦闘が展開したが、高田藩に分がなく敗れてしまった。八月、将軍家茂の死により戦いは止み十月帰国した。藩は、百哺の従軍の功を賞し、士分に取り立て三人扶持を与え今町大年寄格とした。戊辰戦争においても、再度、従軍しその功に対し金三百疋が与えられた。

翌三年、高田藩は岡島町（上越市大手町）に「修道館」という藩校を開設した際、百哺は数学の教官に迎えられた。なお、数学の郷士として百哺の外、小林佳作、船田利八郎等があった。

明治五年（一八七二）、学制が発布されると、直ちに百哺は福永弥平衛を助け直江津校を創立し、数学の授業においては、百哺が編纂した教本が用いられた。次で、地租改正に当たっては、百哺の門弟が土地測量に尽力し、事業を円滑に進めることができた。

はば広い交遊と多趣味な文人

百哺の交友は広かった。天保十五年（一八四四）、江戸小伝町の牢屋が焼け、蘭学者高野長英が直江津に逃げ込んできた。幕府や高田藩の厳しい探索の中、福永七兵衛の協力を得て二ヶ月余りもかくまい、さらに逃がしてやった。百哺も七兵衛も長英の優れた才能に心底敬服していたからに相違ない。

この時、幕府から人相書を添えた高野長英探索の示達が高田藩に届けられ藩の領奉行から大肝煎に触書（逮捕状）が廻ってきたが、文面に、「…当国（越後）には、同人（長英）と馴合の者数多有之…」と幕府が厳しい目が向けられていたことが知られる。

人相書　高野長英

苗字大原とも申候由又は後藤志津摩と変名致候由も有之六ヶ年以前亥年中永牢相成居

去月遡日逃去野羽織半天股引を着し大小を帯可申哉も難斗
一、歳四十七八位、
一、丈高く、
一、中肉より太り候方、
一、色赤顔にて白き方、
一、鼻高く、
一、眼細く白眼の処きはみ候俗に銀眼と申す候、
一、月代前之処はげ居、髪厚く、髪大いてふ、
一、眉毛薄く大き方、額にそばかす様の染有之由、
一、高声之方にて少し鼻に掛り、
一、奥州膽膽澤郡水澤驛出身

冒頭に掲げた百哺の写真は、慶応元年、日本写真術の鼻祖下岡蓮杖にとって貰ったもので県内最古に属する写真と言える。信越線が未開通の明治十二年（一八七九）、七六歳の老躯をおして東京見物を兼ねて知人、友人、門人達との面談を求めて上京した。在京中、泉岳寺に置かれている当地の維新の志士井田年之助の墓を詣で、本郷の大学、上野の博物館

高野長英
文化元年（1804）～嘉永3年（1850）陸奥国水沢の人。江戸で蘭学を学び、長崎のシーボルトについて深め、『夢物語』を著わし蛮者の獄にて、永牢となるも脱獄し、各地を逃避し、江戸青山で幕吏に襲われ自害し果てる。

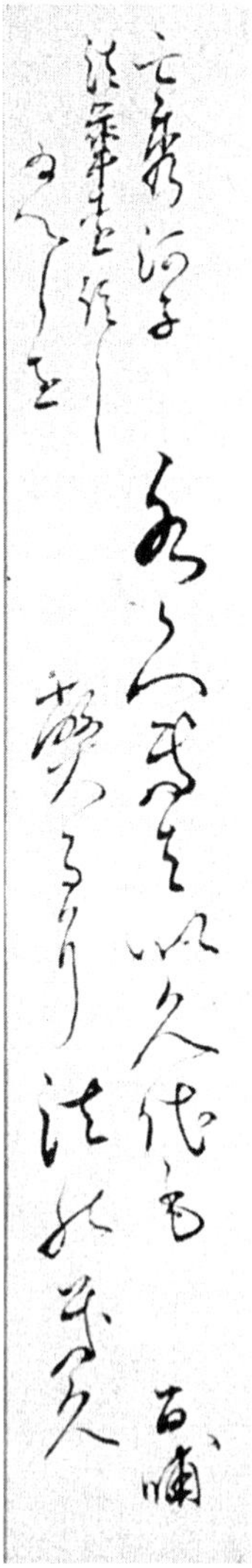

を見学し、数学者内田五観、啓蒙思想家中村敬宇、高田藩士の書家中根半嶺らを訪ね、歓をつくして帰郷した。土産として径緯儀、新鋭のコンパスなどを購入し、学問への情熱が衰えていないことを示した。

こうした好学の生涯の反面、謡曲、茶道、俳諧など風流の道において一家言を有していた。俳諧は、福永里方の遺鉢を継ぎ、直江津俳壇の牛耳をとっていた。

明治天皇北陸巡幸に際しては、「みゆき路のみつきか稲の穂波うつ」との句が捧呈された。百哺、七四歳のことであった。写真の短冊は、「水くきは　いく代もへてへるに法のきく」と見え、亡き友人秀河子に捧げた句と思われる。なお、句に見える法華堂は、上越市住吉町の延壽寺（日蓮宗）である。

百哺逝く

二十年（一八八七）の新年の席において、「梅咲て吹窓を明け離し」との句を詠み、松の内も明けやらぬ九日、八四歳にしてこの世を去った。よわい八四歳であった。二十七年五月、五智国分寺境内に、東九世通禧（幕末の公家、政治家）篆額、南摩綱紀（羽峯）（旧会津藩士、高等師範学校教授）撰になる「小林百哺先生碑」が建立され、百哺の人となり、業を偲ぶことができる。

成業有本立志才敏也／三者兼備何事不成余観之百哺翁矣翁諱惟孝称祐吉百哺其号／小林氏越後直江津人幼穎好数学初学高良氏／氏死門人推翁為師時年十九／翁素不安小成慨然発憤入京師司天文官安倍晴親氏門／学天文算数陰陽暦法／時天保六年也／日夜勉励亡何究其蘊奥与司天官目代／福田美濃正小島濤山等交又得授時暦法帰郷／下帷教授達遠近来学者甚衆／八年安倍氏以翁為越後国天文陰陽目代／十四年再上京為司天官師範代／教授生徒居一年帰郷／弟子益進／慶応二年征長師起高田藩手榊原公為先鋒／推翁為測量師従軍在安芸広島営諸藩士多従受業／後公設算校於高田／以翁為師賜碌百石／明治　維新藩廃校／亦五年官新頒学制因創直江津校以翁為算師／受翁之教者前後

五千余人成業者輩出／翁之著書行於世者亦不尠／翁年老目聡明健康如少壮／諄々教導嘗一日倦怠／二十年一月九日病没／八十四葬国分寺来会者数数千人／嗚呼翁幼立志堅確学不怠／加英敏才宣矣成業卓偉如此也／頃門人携状来請余銘／因叙之係以銘々曰

天道人紀　無比数理　翁夙学之　発揮奥旨　一国泰斗　五千弟子　厥業厥功　万世崇祀

明治二十七年五月　　高等師範学校教授正六位南摩綱紀撰並書時七十又二

（注、碑文中の／は理解を助けるために仮に付した区切である。）

百哺のは多数の子女があったが、何れも夭折してしまった。養子として、嘉永二年（一八六六）四月、出雲崎の梅哺（旧姓児玉長州、文政三年生）を迎えた。孫、桂（幼名佳作）は、上京し実業界に入った。桂の弟圭二は、鈴木姓となり軍籍に入り海軍の造船につき軍艦妙高外、多くの軍艦の参画し中将に進んだ。曾孫直二は、陸軍に籍を置き大佐で終戦を迎えた。戦前、戦後にかけて高田市西城町三丁目に住居があった。直二の長男直太は、昭和十二年（一九三七）高田中学校に入学、十七年に卒業、理学の道に進み中央大学理学部教授、会社技術顧問を務め、武蔵野市に住居を有し、当地の人々とも交流もある。

《参考資料》

・『今町の和算家　小林百哺』渡辺慶一著（上越市総合博物館　昭和五十五年四月）
・『上越市史（普及版）』上越市史編さん委員会編（上越市　平成三年十月）
・「高田高等学校校友会東京支部会報・第二五号」（平成十三年十一月）
・「上越タイムス」（上越の偉人）平成十四年一月

十四、高見実英 浄泉寺の住職として英語塾を開いた

浄泉寺十二世の住職、高見実英は文久二年（一八六二）に生れる。幼くして、倉石侗窩の文武濟美堂に入門し、主として儒学について学んできた。生来、学問を好みこれにより身を立てたかった実英は、上京し、東京専門学校（早稲田大学の前身）に入学した。学なり、いよいよ中央での活躍を目ざした実英であったが、彼には故郷での寺役もあり帰郷して寺に入ることとなった。

明治に入ると義務教育制が進み各所に学校が建てられ、これに伴い就学率も向上してきた。このような状況下、実英は、明治二三年（一八九〇）（精励学館規制から推定）、向学心を有する若者達に勉学の途を開くべく、私塾「精励学館」市内浄興寺内の浄泉寺内（寺町二）

に開いた。

次は、生徒募集広告である。

生徒募集広告

拙者従来地方学生諸君ノ受業上ニ就キ大ニ顧ル所アリキ仍而今般仮ニ私塾ヲ開キ毎日午後一時ヨリ六時マテ懇切ニ正則的ノ英語学ヲ教授候間有志者来会アレ

同学館に関する資料は、大正四年（一九一五）に寺町の大火が発生し不運にも浄泉寺も類焼し、関係図書、関係資料すべてが失われてしまった。従って同館で学んだ人々の氏名や活動記録などについて不明である。幸いなことに塾生に配布された、「精励学館規則」と「教科課程表」及び「生徒募集広告」が残されており、同館の目ざしていた教育内容、その運営の様相の一端が知られる。

精励学館の教育内容については、生徒募集広告に見られるように、英語の教授を中核としていることが、第二章の教旨教則において、「正則的英語ヲ教授シ合セテ漢学数学ヲモ教授ス」と、うたわれている。学館の修行年限は、普通科三年、高等科一年と定められていた。

次は、「精励学舘規則」であるがこれにより、舘の運営（授業時間休日、入退学、試験、学費、卒業証書の授与）、教育内容の大綱及び塾生の心得などについて知られる。極めてわずかな資料であるが、本舘は組織的、計画的かつ継続性に基づく言わば、学校としての機能を有する教育機関を目ざしていたように思われる。その中、特記されるのは、「晩学者ノ為メニ本舘規定ノ学科ヲ撰ヒ変則的速成法ヲ以テ教授ス」と、今日の生涯学習の発想や、「怠惰及不品行ナル者ニハ殊ニ説諭ヲ加フヘシ若シ之ニ服セサルトキハ保証人ヘ通知ノ上本人ヲ除名スヘシ」と、生徒（舘生）指導上の問題に対して配慮していることが挙げられる。

精励学舘規則

第一章　舘名位置

一、本舘ヲ名スケテ精励学舘トス

二、学場ハ当分ノ内高田町字中寺区浄泉寺トス

第二章　教旨教則

一、本舘ハ主トシテ普通ノ正則的英語学ヲ教授シ合セテ漢学数学ヲモ教授ス

二、学科ヲ普通及高等ノ二種ニ分チソノ修学年月ハ高等科ヲ一年トシ普通科ヲ三年トス而シテ普通科学年ヲ前後ノ二期ニ分チ前期ハ十月一日ヨリ翌年三月三十一日マ

テトシ後期ハ四月一日ヨリ九月三十日マテトス

第三章　授業時間休日

一、事業ハ毎日午後一時ヨリ六時マテトス

二、休日如左

一、大祭祝日及日曜日

一、九月十五日ヨリ同月三十日マテ

一、十二月廿六日ヨリ翌年一月十日マテ

第四章　入退学規則

一、新ニ入学セント欲スル者ハ左式ノ入学保証状ヲ差出スヘシ然ル上ハ随時入学ヲ許ス

二、本人及保証人ノ住所変更セシ時ハ直チニ本館へ通知スヘシ

三、保証人ハ入学者ノ父兄若シクハ親戚ノ者タルヘシ

四、普通科二年以上ニ入ラント欲スル者ハソノ履歴ヲ証明シ相当ノ級ニ編入スヘシ

五、高等科ニ入ラント欲スル者ハソノ履歴書ヲ提出スヘシ館主試験ノ上相当ト認ルトキハ該科ニ編入セシム

六、事故アリテ退館セント欲スル者ソノ保証人ヨリ届出ヘシ

第五章　試験規則

一、試験ハ学期通常ノ二種ニ分チ学期試験ハ毎年三月及九月ニ於テ施行シ通常試験ハ
毎月々末ニ於テ施行ス

入学保証状

本人族籍

（印紙）

姓名

生年月日

右今般貴舘へ入学相願候上ハ御舘則遵守可為致ハ勿論本人ニ関スル
一切ノ事件ハ拙者引受可申仍而保証如件

住所

月日　保証人　姓名　（印）

精励学舘御中

二、通常試験タリトモ学術優等ノ者ニハ臨時昇級セシムルコトアルヘシ又学期試験ニ首坐ヲ占ル者ニハ殊ニ褒賞ヲ与フ
三、学期試験評点ハ平均六十点以上ヲ以テ及第点トス

第六章

一、生徒教場ニアリ不都合ノ行為アリテハ惣テ静粛ヲ旨トシ宜ク教師ノ命令ニ従ヒ只管ヲ勤学ヲ専トスヘシ
二、生徒教場ニアリ不都合ノ行為アルトキハ一応説諭スヘシ再三之ニ従ハサルトキハソノ旨保証人ヘ通知スヘシ
三、怠惰及不品行ナル者ニハ殊ニ説諭ヲ加フヘシ若シ之ニ服セサルトキハ保証人ヘ通知ノ上本人ヲ除名スヘシ
四、一週間以上欠席セント欲スル者ハソノ旨保証人ヨリ届出ヘシ
五、無届ニテ一ヶ月ニ至ルトキハ本舘生徒ノ資格ナキモノトス

第七章　学費規則

一、普通科授業料ハ一ヶ月金二十銭トシ高等科ハ金三十銭トス
　但毎月五月限納ムヘシ親入学者ハ入舘ノ日ヨリ五日以内ニ納ムヘシ
二、新入学セント欲スル者ハ束修ヲ要セス

第八章　卒業証書規則

一、普通科卒業ノ者ニハソノ卒業ヲ与フ

二、高等科卒業ノ者ニハ本舘卒業証書ヲ与フ

附録

一、本舘規定ノ学科ノ外有志ノ願ニ由リ哲学上ノ講話ヲ為スコトアルヘシ

二、晩学者ノ為メニ本舘規定ノ学科ノ中ヲ撰ヒ変則的束成法ヲ以テ教授スルコトアルヘシ

但授業料はハ一ヶ月金十銭トス

以上

精励学舘主　高見実英

廿三年十月

学舘の教育内容は、漢文学と英語学が中心であった。「教科課程表」で学科別の学年の教授内容が知られる。

普通科課程の漢文学については、第一学年では儒教経典を教材として、前期には、「四書」（論語、孟子、大学、中庸）を、後期には、「五経」（易経、尚書、詩経、春秋、礼記）を扱ってい

る。第二学年に進み前期では、頼山陽著の共に漢文で叙述されている「日本外史」、「日本政記」を取り上げている。山陽の両書は、仁政安民思想及び大義名分論に立つ史観で説かれている。後期では中国の史書、「十八史略」、「元明史略」が講じられている。「十八史略」は、十三世紀後半、元時代に成立した中国の歴史書であり、書名の由来は、「史記」以下、一八の史書の要約したものとの意である。第三学年では前期に、「文章規範」と「史記」、後期に、「孟子」と「左伝」が扱われている。なお、「左伝」は、師の倉石侗窩が終生かけての研究課題であった。

高等科では、「韓非子」、「大日本史」、「唐宋八大家文」であり、卒業論文は漢文で提出することとなっていた。

漢文学の履修過程の全体を通して見た場合、教材は和漢両書を組み合わせ、学習の進度

普通科課程表

		一年前期	一年後期	二年前期	二年後期	三年前期	三年後期
漢文學	讀書	四書素讀	五經素讀	日本外史 日本政記	十八史畧 元明史畧	文章軌範 史記	孟子 左傳
	作文	俗用往復文	仝上	片假名交文	仝上	復文	和文漢譯
英	習字	習字《スペンセリアン》本	習字《スペンセリアン》本				
	綴字	綴字《ウイブスター》書					
	書取			歷史類	仝上	傳記類	仝上

語學 文法	語學 譯讀・讀方	語學 作文	數學
	讀本《ニユー、ナシヨナル》一、二、 讀本《ウイルソン》一、		算術
	讀本《ニユーナシヨナル》三 讀本《ウイルソン》二 萬國史《パーレー》		仝上
小文典《クワッケンボス》	讀本《ウイルソン》三 地理書《モーレー》 小米國史《クワッケンボス》	英文和譯	算術 代數學
小文典《フヰントン》	萬國史《スヰントン》 羅馬史《スウヰル》 希臘史《スウヰル》	仝上	代數學 幾何學
大文典《スヰントン》	クライブ傳《マコーレー》 ヘズチング傳《マコーレー》 小經濟書《フオーセット》 英國史《ヒューム》	探題作文	
	ピット傳《マコーレー》 チウドルニー《プット》 大經濟書《フオーセット》 英米大家論集《スヰントン》 教育論《スペンサー》	隨時作文	

高等科課程表

漢文科	英語科
韓非子 唐宋八大家文 大日本史 漢字卒業論文	代議政体論《スペンサー》 哲學原理《スペンサー》 憲法論《バゼオット》 論理學《ベイン》 心理學《ペイン》 倫理學《ベイン》 英字卒業論文

生徒募集廣告

拙儀從來地方學生諸氏ノ受業上ニ就キ大ニ顧ル所アリキ仍而今般假ニ私塾ヲ開キ毎日午後一時ヨリ六時マデ懇切ニ正則的ノ英語學ヲ教授候間有志者來會アレ

但遠隔ノ人ハ二錢ノ郵便印紙送附アレハ直チニ本館ヨリ課程表並ニ規則書ヲ回送スヘシ

に合わせた配列に工夫を凝らし、より巾広く深みのある理解が得られるよう配慮され、単なる字句の解釈に止まらず、背景にある思想や先人の生き方に言及しているように思われる。これら漢文学の教材構成及び講究の仕方については、倉石侗窩の文武濟美堂で学んできた素地に、実英の固有の考察になるものと思われる。

英語学についていては、「習字・綴字」、「書取」、「会話」、「文法」、「訳読・読方」、及び「作文」の六分野からなっている。「会話」が一つの履修分野としている点、新鮮な感じを与えている。

学年別、分野別の教材は前表のようになり、原書が扱われ歴史書、地理書、伝記物が目につく。一年では、パーレーの「万国史」、二年では、クワッケンボスの「小米国史」、スイントンの「万国史」、スウイルの「羅馬史《ローマ》」、「希臘史《ギリシャ》」、三年では、ヒュームの「英国史」マコーレーの「クライブ伝」、「ヘズナング伝」、「ビット伝」、スペンサーの「教育論」及びフォーセットの「大経済書」、モーレーの「地理書」などが目につく。さらに高等科では、スペンサーの「代議政体論」、「哲学原理」、ベインの「論理学」、「心理学」、「倫理論」及びバゼオットの「憲法論」を学び、卒業に当っては英文による卒業論文が課せられた。さらに、当館では第一・第二年次の塾生に、「算術」、「代数学」、「幾何学」など数学も講じられた。

精励学舘での英語教育の様子について、八木弘氏（元高田図書館長・英語研究者・市内南本町二）に尋ねた所、教材内容はアメリカのものが主流であり、明治七年に開校された官立新潟英語学校で使用された教材と共通するものがあり、新潟学校柏崎第三分校の洋書目録の中に、当館で使用されたパーレーの「万国史」、クワッケンボスの「合衆国史」及びスウイルの「羅馬史」など含まれているとのことである。また、徳富蘆花の長編小説『思い出の記』（明治三三年発表）の中に、私塾育英学舎において新任の駒井先生が扱った英語教材とも共通するものがあることなど、明治初年における英語教育の特徴を示しているとのことを知らせてもらった。

実英の語学の履修は、東京専門学校でなされたものであるが、英語と最初の出合いは、明治六年（一八七三）文武濟美堂内の新塾で開講された英語学であった。その頃、塾では英語を「蟹行字」と称していた。横文字で記されるのが、蟹の横這いに似ているところからであろう。英語教師は、横浜で外国人と接して言葉を身につけた当地出身者が当たった。

僧侶としての高見実英は、浄興寺の本山独立運動の活動者として知られる。浄興寺住職厳正とともに、明治から大正期にかけてその先頭に立ち、主務官庁である文部省はじめ衆議院、貴族院など各方面にわたる陳情活動に、その先導的役割を果たしてきた。昭和二〇年（一九四五）一月九日、八五歳の高齢をもって入寂した。

※高見実英の浄泉寺は、浄土真宗浄興寺派の本山である浄興寺内にある。本寺は、「真宗浄興寺之景」の図中、表門の右側の第一に位置する。

新潟縣越後國中頸城郡
高田町字中寺
眞宗淨興寺之景
鐘樓
寺中
表門
又兵燹ニ罹リ焼失ス而シテ
仝十年丁秋上杉家ノ取立
ニ依テ第十四世了性師ハ
越後國頸城郡春日山城ノ
麓ニ移リ建立ス又慶長三戊戌年領主
堀家ノ請ニヨリ第十五世善藝師ハ仝郡
福島城下ニ移ル仝十五年庚戌國主松平
家ノ請ニヨリ高田城下ニ移リ夫ヨリ歴
世仝所ニ住ス是現今ノ境内也
右淨興寺略履歴
明治三十三年六月
金澤 濟美館製版

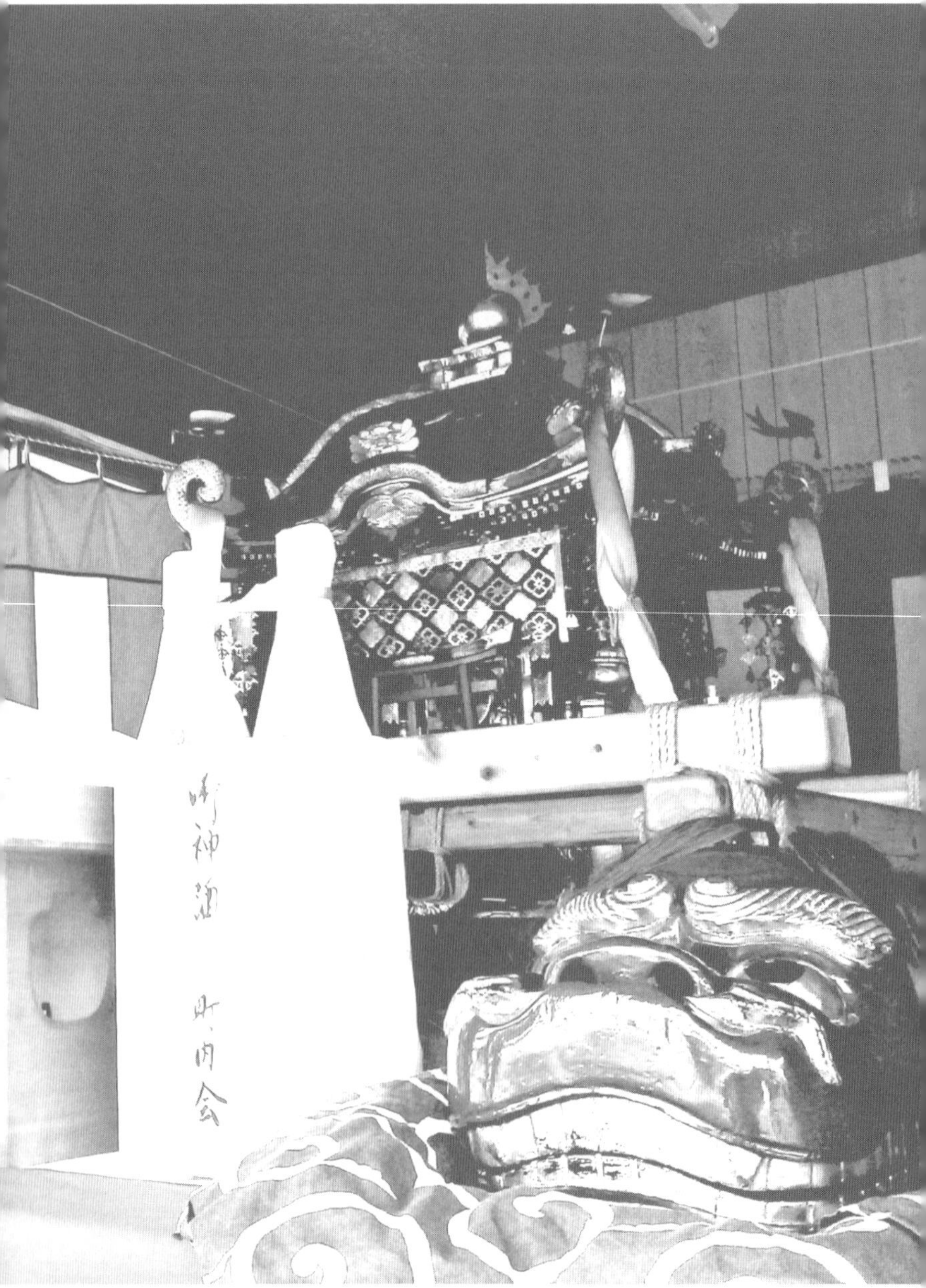
町内会

第三部　特記二件

十五、小林古径記念美術館設置を迎えて

はじめに

明治一五・一六年は、上越市から文化的逸材を送り出した年であった。明治一五年四月七日には児童文学者の小川未明が中頸城郡高田五分一に誕生した。そして翌一六年二月一一日には小林古径が生を受けた。現在の学齢年度から言えば同学年と言うことになる。

両者の究めた芸術の世界は異なるが、生まれた雪国と言う故郷の風土と明治の次代を背負って歩み、それぞれの分野の作品に風土性と時代性を何らかの姿で投影しつつ活躍してきた点に共通したものがあるように思われる。今ここに、それを実証的に論述する余裕は

ない。

　未明の出生地については、明らかであるが、古径については、出生地はもとよりそれに続く幼少時代が明らかではない。古径は、早くから両親及び兄妹を失い、全くの天涯孤独と言う状況におかれ、その寂しい境遇は、語るにしのびないものがあったか、或いは、抹殺しておきたいものがあったものか古径自らは語ることはなく、また、画壇関係者も触れることを躊きたのではないかと言われている。

　古径は、昭和三二年、七四歳で世を去った。歳月の経過に伴い次第に古径の生前、とりわけ生い立ち時代を知る人は殆ど亡くなり取材することが困難になってきている。

　昭和五四年一〇月、上越市立総合博物館において小林古径展が開催される運びとなった(1)。古径展を記念して古径の幼少期について若干の考察を試みたい。

小林古径の出生考

　これまでの数ある小林古径論や年譜に見られる古径の出生地は、新潟市、高田市、或いは新潟県とあるだけで不明確である。従って、上越市の人々にとっても古径は、なじみの薄い存在であったことはいなめない(2)。

戸籍からの検討

小林家は代々榊原藩士であった。上越市立高田図書館に高田藩で作成した藩士の家譜が残されているが、その中、古径の父小林株について、「喜代治　藤原直温嫡子、小林株、藤原直意　当年弐拾三歳」（註、明治三年現在）と見えている。また、「追思有感」（註、旧高田藩士庄田直道編）と称する高田藩に関する諸記録中、氏名録の部に、「小林株、禄高十石二人扶持」とある。なお、藩祖榊原康政はじめ英傑の藩主らを祭神とする榊神社にも高田藩士の家譜が所蔵され、小林株の名が確認することができる。

次は、小林株の戸籍簿である。この戸籍の内容からして次のことが知られる。

① 小林株を筆頭とする本戸籍は、「新潟県中頸城郡高田土橋町拾七番戸」となり、「明治廿二年十二月卅日同県岩船郡平林村大字平林第六十二番戸へ全戸轉住ニ付送ル」と転出により除籍さる。

② 古径（茂）の誕生は、明治一六年二月一一日であり、明治二二年一二月一〇日に戸主株の籍に加籍されている。

③ 本戸籍の作成時期は、明治一二年から一五年の間と推定される。明治一二年を上限と

明治廿二年除籍

	戸主	母	妻	長男	後妻	二男	長女
新潟県中頸城郡高田士橋町拾七番戸 明治廿二年十二月卅日　同県岩船郡平林村大字 平林第六十二番戸へ全戸轉住ニ付送ル ㊞			中頸城郡高田木築町士族丹羽休三二女 明治二十年九月一日死亡		明治廿一年七月廿三日中蒲原郡新津村平民 樋浦熊太郎叔母娶ル ㊞	明治廿二年十二月十日加籍願済	明治廿二年十二月十日加籍願済
前戸主　小林直温	父　直温　長男 小林　株 文政六年八月朔日生妻	亡父　直温　妻 セン 文政六年八月朔日生	ユウ 嘉永五年正月七日生	弘 明治七年九月十九日生	カシ 安政二年九月二十一日生	茂 明治十六年二月十一日生	ヨシ 明治十八年二月一日生

したのは、「郡区町村編制法」による郡、町村の表記が考えられる[3]。下限を一五年とみたのは、古径(茂)が、「加籍事項」とならないであろう。

小林家の戸籍は明治二二年まで高田に籍があり、古径は高田に籍を有し、高田出生の根拠を示している。しかし、父、株の履歴からすると明治七年に新潟県庁に出仕しており、小林家は高田を去っていたのではないだろうか。だとするとこの時期、なぜ転籍しなかったのであろうか。穿った見方をすれば、株は単身で任地に赴任したとも推測される。古径の兄の弘との年齢差が一〇才にも及び、家族構成からみて単身赴任も考慮されよう。何れにしても古径の高田出生について疑問の残る点である。

古径（茂）及び古径の妹ヨシが明治二二年転住の直前に加籍されていること及び株の後妻カシが、明治二一年七月に入籍していることなどの注意事項が現在の生活とどうかかわっていたかが解釈の余地を残している。按ずるに、加籍処理については、明治期の戸籍取り扱いによるものであろう。即ち、明治一九年九月には内務省第一九号「出生、死去、出入届及び寄留者届出方ノ件」が定められて出産・死亡・失跡・復帰・廃戸主・廃嫡・解明・復姓・身分変換その他戸籍に関する事項について届出義務を規定し正当な事由なくして怠った者は、科料の処分が設けられた。更に、この年の一〇月、同二二号「戸籍取扱手続」が定められ、戸籍簿の調整及び登記の方式並びに戸籍簿永久保存の原則が立てられた。前期のような届出義務の履行により加籍処理がなされたものと考える。

加籍手続に先立って、明治一九年一二月一〇日付で、小林家の家族構成と居所を記した寄留届が作成され、本籍地のある中頸城郡高城村役場に届けられたものと思われ、その草稿が残されている。

寄留届には、「右都合により明治十九年十二月より新潟区西堀通り四十番町十一番地へ

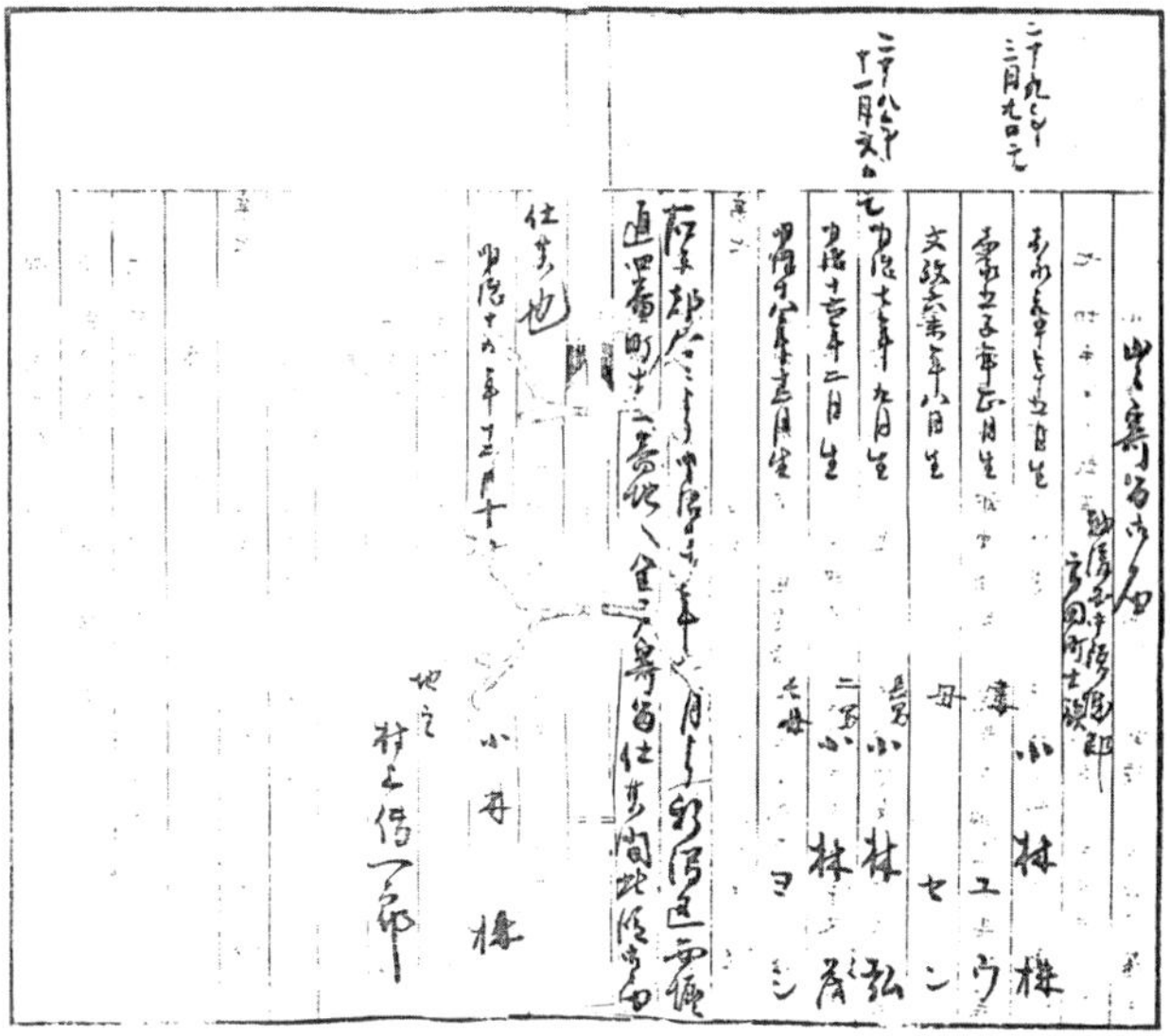

小林株寄留届草稿　小林古径二女横田地怜所蔵

全戸寄留仕候間此段御届仕候也」とあり、この時点で全家族が新潟に居住したことが知られる。この寄留届からすると、明治一九年までの家族の居所は、高田ととれるが、すでに新潟にあったものを追認と言う形の事務手続きとも受け取れよう。

疑問点は、家族の寄留届が先で、古径及び妹の加籍が後になっている点である。また、古径の誕生の明治一六年になぜ届出がなされなかったのか不明である。生活の地が高田から離れており、届出が遅れたと見るならば、古径の高田出生を決めがたくなる。

近年、画集や新潟県版の百科事典では、古径の出身地を「原籍、新潟市東中通二番町」としている。東中通二番町は、県庁所在地に隣接する地であり、この地は、父、株の県庁在任期間の或る時期のものであることにほぼ間違いない。しかし、「原籍」と言う用語に疑義が生ずる。本来の戸籍つまり本籍地と言うならば誤用であろう。法的には古径の本籍は、明治二二年までは高田にあった。

父、株の履歴書からの考察

明治二〇年六月調の株の履歴書草稿が古径の二女怜のもとに残っている。本草稿は、新潟駅逓出張局分掌規定の裏面に記されている。本履歴書の発見は関千代（東京国立文化財研究所）によるものである。内容は次の通り(4)。

履歴書

越後国中頸城郡高田町士族
嘉永元戊申六月生
小林　株

一、明治　七年六月十七日　新潟県等外五等拝命
一、〃　八年六月十五日　〃　三等拝命

一、〃　九年十月　四日　〃　二等拝命
一、〃　十年一月廿二日　府県参事以下官等御改正ニ付解官
一、〃　十年一月廿九日　新潟県等外二等拝命
一、〃　十一年三月　八日　〃　一等拝命
一、〃　十六年一月十八日　被任新潟県十等属
一、〃　十六年六月十八日　駅逓九等属ニ転任
一、〃　十七年八月廿八日　新潟駅逓出張局長心得兼新潟郵便局長心得ヲ以テ事務可取扱旨被申付
一、〃　十七年十月　七日　新潟駅逓出張局長心得兼新潟郵便局長心得ヲ以テ事務取扱方被差免
一、明治十七年十二月廿日　依頼免官
一、〃　十八年　七月一日　新潟等外命用掛月給九円拝命
一、〃　十九年　三月八日　依頼免官
　右明治二十年六月調

従来、父、株については地方官吏で新潟県内を転任していたとしか知られていなかった。

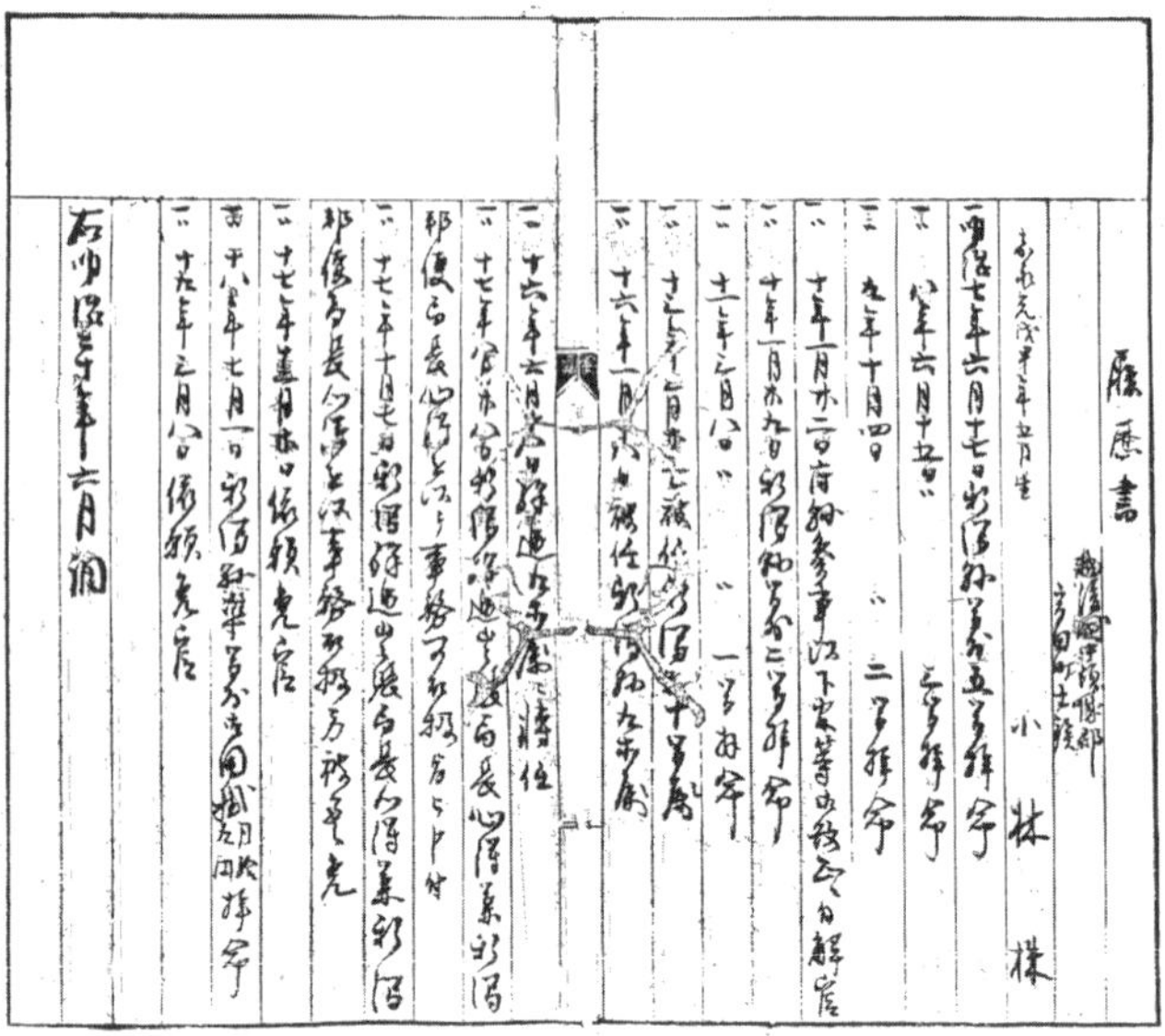

小林株履歴書草稿　小林古径二女横田地怜所蔵

本履歴書によって、株の経歴はもとより古径の出生前後の事情がかなり明らかになった。履歴書草稿では、「明治七年六月十七日新潟県等外五等拝命」と見えているが、この点、新潟県の県政の通知、通達を記載した「県治報知」に次の様に見え草稿と一致する。

点陟

　等外五等申付候事　小林株

明治七年六月十七日　新潟県庁

任用の点陟の記録は、明治八年、同九年、同一一年について確認できる。同県庁職員の氏名を記した「官吏員録」が新潟県政記念館に収蔵されているが、その内、明治一一年、同一四年に株の記録が残る。明治一一年一月五日発刊の官吏員録においては、身分、等外二等、所属「三課」兼「地理掛」となっている。地理掛の主たる用務は、「皇国地誌」(5)の編纂がその任務であった。明治一四年、株は十等属に昇任する。次表は明治一四年六月一五日発刊の新潟県職員録にもとづいて職階制別の吏員の構成をまとめたものである。総数一八七名、内県内人一一〇人、士族出身者は六九名となる。本表によれば、吏員数は少なくその登用は厳しいものであったことが伺われる。

明治一六年六月には駅逓九等属に転任している。一七年八月には新潟逓出張局長心得兼新潟郵便局長心得に任ぜられる。

株の私的な面に戻るが、明治二年一二月、高田藩士丹羽休三の二女ユウを娶り、県庁吏員に任用され同七年に、古径の兄、弘が誕生す。古径誕生は同一六年二月、株が新潟駅逓出張局長心得兼新潟郵便局長心得に就任する前年で、三五歳の時であった。明治一〇年代に新潟に置かれていた郵便局は新潟郵便局、新潟本町郵便局及び新潟古町郵便局の三局であった。その中、株の任地の新潟郵便局の開設は最も古く明治五年である。(6)ところで新潟郵便局の系譜を引く現新潟西郵便局の記録の中、明治一六・一七年代の局長として西成攻の名が見られるが小林株の名はない。局長心得と言うから補佐的な職務であったものであろうか。詳細な記録は二度にわたっての大火で焼失してしまい伝承をもとにした記録しかない。株の郵便局在任期間は、明治一六年六月から同一七年一二月までの一年半であり、在任期間が短い点に疑問が残る。

現在のところ本履歴書で明治一九年までは判明しているが、以後、株の岩船時代については不明である。なお、画集の年譜によると「営林署」に勤務していたと見えるものもあるが、如何なる資料によるものであろうか、今後さらに検討を要する点である。

ところで古径の出生地の問題に戻したい。履歴書からは新潟生と思われるがこれまた、

職　　名	人数	内、県人数	内、県人士族数
県　　令	1		
大　書　記	1	(1)	(1)
1　等　属	2		
2　等　属	5		
3　等　属	2		
4　等　属	9	(3)	(3)
5　等　属	7		
6　等　属	13	(5)	(5)
7　等　属	17	(5)	(3)
8　等　属	9	(4)	(3)
9　等　属	14	(9)	(6)
10　等　属	19	(15)	(11)
17　等出仕	9	(7)	(6)
等外1等	23	(18)	(9)
等外2等	32	(27)	(13)
等外3等	16	(12)	(8)
等外4等	4	(2)	(1)
大蔵8等属	3	(1)	
大蔵等外2等	1	(1)	
計	187	(110)	(69)

明治十四年度における新潟県職員の職責階層における人数表及出身地別構成表

（明治十四年度版『新潟県職員録』に基づいて作成。小林株の最終は10等属に進む。本文参照）

きめ手に欠くようである。

古径談話の記録から

古径は生前において自身について殆ど語ることはなく、とりわけ生い立ちについて不明な点が多い。大方の評伝では、幼くして両親及び兄妹と死にわかれ、まさに天涯孤独の身となった。その寂しい環境が古径をして語らせなかったと言う見方をしている。

筆者も古径を取り巻く環境が語るに忍びないものであることは否定しない。しかし、逆な状況下におかれていても古径自身から語ることはなかったと思っている。外的な環境そのものより、古径の人柄にかかわったものであり、古径の心の深甚に関する問題であると思っている。極端に言えば気質によるものであろう。人間の感情的個性を気質と言い、意志的な個性をあわせて性格となり、さらに、知的な特性を含めて人格となると言う見方がある。この見方からすれば気質は性格の基盤となり、しかも環境の影響を受けにくく、生涯通して変わらないと見てよい。そして性格の上に発展し、環境や年令そして教育などによって変化するものと思われる。ところで、気質についてクレッチマー(Kreteschmer, E)は、分裂気質、循環気質、粘着気質の三つに区分している。[7]

古径の人柄にかかわって興味が引かれるのは、粘着気質の説明である。粘着気質は、「周章狼狽するような状況下でも、ものに動じない心の落ち着きを見せる。口数が少なく、生活態度は落ち着いている。社交性やユーモアに関しては消極的である。善良で真面目である」と説明されている。口数が少ないと言うよりも、口が重いと言った方が当てはまる古径の人柄は、粘着気質が底流にあったものとも言える。従って口の重い古径から生い立ちに関する談話を求めることは至難のことであったと言える。唯、気のおける人に対しては自己を語ることもあった。

大正七年、美術評論家古川修は小林古径と対談しその記録を「中央美術」に、「色々の話の末に《貴君は、越後の方ではありませんか》と古径君は言った。《どうして解ります》と訊ねると笑って《言葉がそうですから》と言った」それから《私も越後高田に生まれたのです。そうして新潟で育ちました》と言った」と記している。この「中央美術」の小林古径論の響きは大きい、同じく美術評論家竹田道太郎は、「小林古径の生涯と芸術」お述べる中に引用して高田出生説に傾斜した論述をしている。(8) しかし、年譜では、「新潟県生れ。新潟市東中通二番町」としている。関千代もまたこの談話を取り上げ、小林株の戸籍をもとに高田出生説を採った論説を展開している。年譜でも、「新潟県中頸城郡高田土橋拾七七番戸」としている。(3)

次は、古径の近親者の談話であるが、古径の高田出生を裏付ける事例と言えよう。

古径が一六才の時、高田藩士の出であり、古径の又従兄弟にあたる清水宜輝の庇護の手が差しのべられ、上京することとなった。同じく宜輝の姻戚の清水茂七も上京し、共に本郷区弓町の宜輝の持家に住むこととなった。茂七は一〇才の頃、父に死に別れると当時、佐渡郡長を勤めていた叔父の須藤家に引き取られることになったが、須藤家で後妻を迎えることとなり茂七は家を出ざるをえなかった。そこで宜輝は、茂七と弟、角三郎、妹、チヨを東京に呼び寄せ面倒をみることとなった[9]。古径と茂七とは年令も近く、生い立ちの境遇が似ており、共に口数も少なく、しかも古径の話し合いの中で古径は、「貴方も私も高田生れで、家族運のない点よく似ていますね。私は父母に死に別れてから、高田に戻り、紺屋に奉公しました。」と言う話をしたことを茂七が戦時中、高田に疎開した世話役の家族に伝えている[9]。なお、茂七は、伊勢丹の創業期からの勤め後年、監査役に就任する。

古径の幼年期の事情

小林家は明治一九年、新潟区西堀通りに居を移した。その時の家族構成は、父、株（三八才）母、ユウ（三五才）祖母、セン（六三才）兄、弘（一二才）茂《古径》（三才）妹、ヨシ（一才）の五人家族であり、この時期、全家族が初めて生活を共にしたのかも知れない。続く二〇年九月には母ユウが亡くなり、家族の生活に変化をもたらす事になった。

二一年七月、父株は後妻に中蒲原郡新津村の樋浦熊太郎叔母カシを迎えた。翌二二年には、父の勤務の関係か、岩船郡平林村に移っている。この期、古径は就学年齢に達するが、現、岩船郡神林村平林小学校の学籍簿には見当たらない。二三年、継母カシは離婚し、二五年には、祖母のセンが蒲原郡新発田本村において六九歳で亡くなった。[10]

古径の年譜で学籍についての記録は稀であるが、竹田道太郎（本県出身）は、『現代日本美術全集5　小林古径』（集英社刊）の古径の年譜において「明治二二年四月、父の転任に伴い新潟県北蒲原郡新藤田尋常高等小学校に入学（六歳）」と記している。先の祖母センの死去地と同じであり注目される。

明治二八年一二月六日には兄、弘が、続いて翌二九年には、父、株が世を去り[11]、小林家は古径と妹の二人となってしまった。古径、一三才、妹のヨシ一一才の時であった。

明治二九年一月、古径は父の没後から、姻戚の清水宜輝を頼って上京する三二年夏までの約三年半の間、どこでどのような生活を過していたもの不明である。この時期の解明が古径の幼年期を論ずつ一つの鍵となる。大方の画集では、兄の死、明治二五年、父の死、同二六年と見えており、それぞれ三年ずつ逆上ることになる。この説明は後ほど触れることにする。

かつて筆者に清水宜輝の孫にあたる清水光一から、私の若い頃、祖父（宜輝）から聞いた話であるがと前置きし、「古径さんのお父さんが亡くなってから、私の家に来られる前は、高田で暮らされ、高田では経師（表具師）の店で奉公されたと聞いています。このことについて何かわかりましたなら、知らせて下さい」と言う依頼を受けた。清水家に伝わる話だけに信憑性があり、古径の在高田時代の可能性を検討してみた。

この時の調査の覚書は、次のようになる。「古径が高田で経師の店に奉公したとすれば、最も可能性のあるのは、堅春日町（現、上越本町一丁目）の吉田団之助の所ではなかろうか」

①団之助は、藩の御用表具師であり、その技術は確かであったと伝えられている。古径は士族の出である点からして藩の御用を務めた店を選ぶのではなかろうか。

②高田藩では古くから内職が行われてきたが、表具もその一つであった。士族の中で何人もが、団之助の所に通い仕事を習っていた。

③団之助の家は、古径の生家、母の実家何れからしてもその距離は近い。

小林家の墓所（金谷山和親会墓地）昭和三年、小林茂整備

④　団之助の子に吉田玉潤と言う者があり、川端玉章の門下に入り、師玉章の「玉」の一字を受ける程の画才があり、画についての感化を受ける機会があったのではなかろうか。玉潤の生年月日は不明であるが世代が近い(12)。

吉田団之助の社会的地位、文化的環境などからして団之助のもとでの奉公の可能性が考えられる。なお、表具師の仕事は、書画を扱う仕事であり、絵画の世界に憧れを持っていた古径とって向いた仕事であったのではなかろうか。

前出、清水茂七の談話の「紺屋に奉公した」と言うことは、「経師屋に奉公した」と共に在高田期の可能性をさらに強めている。紺屋については、須賀町（仲町二）玉川紺屋が考えられる。玉川の主人武田左十郎は、書画を好み自らも筆をとり篆刻をよくし、経師屋団之助とも親しかったという。古径の高田での奉公については紺屋、経師屋一方というのではなく、両者、前後して古径が出入りしたものであろうか。

以上、推測の域を出ないのは残念なことであるが、清水家に伝えられている逸話、清水茂七の談話からして古径の在高田期について、もう少し注目してみる必要があろう。残念ながら調査対象と考えていた吉田団之助はすでに絶え、玉川左十郎家についても代が変わり確認できない。なお、高田には紺屋を業とする家が多く、紺屋要次郎家、今井染物呉服店など古い伝統を有する店などもある。

ここで古径の在高田期を設定すると古径の自叙伝的回顧の中に、「一、五六才の頃、青木香葩という画家に学び、師の一字をもらい、はじめ、秋香の雅号で絵筆をとった」とある記録とどうかかわってくるかが問題になる。青木香葩に師事した時期を、(一)新潟(下越)を離れる直前とするか、(二)高田に在住した事を否定するか、(三)高田に在住したが、期間はわずかであり、新潟に戻った。など多様なかかわり方などが考えられる。筆者は、(一)の見方をとりたい。

小林家の菩提寺の過去帳からみた、父、兄の没年

小林家の菩提寺は、上越市寺町二丁目、浄土宗の光樹寺である。(13) 本寺の過去帳には先祖の霊が記され、小林茂の名による永代読経礼、など小林家ゆかりの品が納められている。また、古径が先祖の供養料を納めるにあたっての書簡も残っている。先の住職が逝去した後は、同市寺町三丁目の大巌寺の佐藤定心住職が光樹寺を管理している。

光樹寺の過去帳に記載されている古径及び近親者の霊位は、次の通りである。

祖父　但心院直温居士　（直温）明治一三年七月八日没
祖母　貞誉妙操大姉　（セン）明治二五年一〇月二四日没
父　乗誉願清入居士　（株）明治二九年一月九日没
母　本覚妙心信尼　（ユウ）明治二〇年九月一日没
兄　華弘明雲信士　（弘）明治二八年十二月六日没
古径　善光院茂誉古径居士　（茂）昭和三二年四月三日没

なお、当寺の過去帳には、妹ヨシ及び娘通の法名は見当たらない。過去帳に見える父、母、兄の寂年月日と既刊の画集の年譜のそれとに相違が見られる。

過去帳の記録を基準に見れば、母、ユウについては、戸籍の没年と一致している。画集の年譜には、明治一九年と見えているのが多いが、明治二〇年に訂正すべきであろう。父、株の没年は、年譜には明治二六年としているが、二九年が妥当であろう。兄、弘の没年明治二五年も明治二八年とした方がよいと思料する。

下越の地で亡くなった父母、兄が高田の寺に祀られていることによって、古径にとって高田は先祖の地であり、古鏡であると言う認識があったものと思われる。古径の母、ユウの供養を進めたのは父、株であろう。しかし、明治二八・九年と続く兄と父の供養は、一二・一三才の古径の手になるものであろうか。だとすると、古径は父から、高田は先祖の地であるということを強く聞かされていたものと思われる。なお、寺の過去帳を見ると、古径の祖父母、母については月日順相当位置に名が記されているが、兄、父については、その年の末尾に記されていることから、逝去直後ではなく後日、寺に入ったことを物語っている。この時期が明治三〇か同三一年とすれば、これまで述べてきた古径の在高田期の存在論と合うことになる。

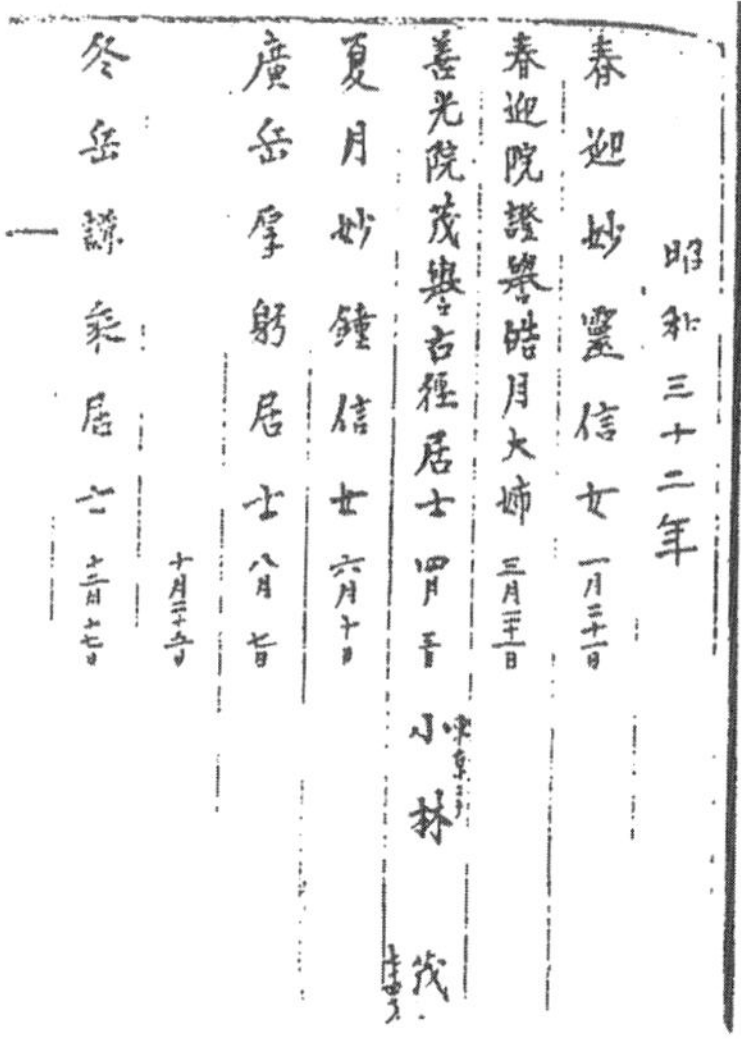
春迎妙靈信女
春迎院證譽皓月大姉
善光院茂譽古徑居士
夏月妙鐘信女
廣岳學躬居士
冬岳謙乗居士

光樹寺の過去帳
小林茂の法名が記されている

まとめ

以上述べてきたことについて、次のようにまとめ、残された課題の提示としたい。

①明治一六年、古径の誕生に時点では、小林家の戸籍は高田土橋町拾七番戸であった。父の任地からして新潟生れとも考えられるが、自叙伝的な発言では、「高田で生れ、新潟で育った」とみえ、高田出生としている。

②古径が、高田の地を故郷であるという証左として、菩提寺の記録、金谷山の墓の修復からも伺える。なお、古径自身の法名も菩提寺にとどめている。

③父、母、兄の没年について既刊の年譜を修正する必要がある。

④父母及び兄の没後、上京するまでの三ヶ年間の間の何れかの時期に高田在住期間があったと推定される。

⑤父、株の新潟在住期についてはある程度明らかになったが、新潟在住期以降は、不明な点を残している。このことに伴って古径がどこの小学校に入学したか、または、しなかったかが明らかでない。なお、継母、カシ及び妹、ヨシについては不明な点が

多い。

⑥ 次に、古径の誕生から上京するまでの、（明治一六年～三二年）いわば幼年期の年譜の私案を示す。

小林古径の幼年期の年譜（明治一六～三二年）

年号	年齢	事項
明治一六 1283	0	二月一一日、本籍、新潟県中頸城郡高田土橋町拾七番戸、（現、上越市大町一丁目）、小林株、ユウの二男として誕生、本名、茂 六月一八日、父、駅逓九等属に転出
明治一七 1284	1	八月二八日、父新潟駅逓出張局長心得兼、新潟郵便局長心得を以て事務取扱を任ぜられる 一二月二〇日、父、依頼免官
明治一八 1285	2	七月一日、父、新潟県等外御用掛に任ぜられる 一二月一日、妹、ヨシ誕生
明治一九 1286	3	三月八日、父、御用掛依頼免官 寄留届によると、新潟区西堀通り四十番町に全家族が移転す
明治二〇 1287	4	九月一一日、母、ユウ没す（三六歳） 法名　本覚妙心信尼 （ユウ、嘉永五年一月七日生れ、新潟県中頸城郡高田木築町《現、上越市南城町一丁目》高田藩士丹羽休三の二女）

明治二一 1288	5	七月二三日、父、後妻カシ（三二歳）を娶る （カシ、安政二年九月二一日生れ、新潟県中蒲原郡平林村　樋浦熊太郎の叔母）
明治二二 1289	6	一二月三〇日、新潟県岩船郡平林村大字平林大六十二番戸へ転住（戸籍の記録）
明治二五 1892	9	一〇月二四日、祖母、セン没す（六九歳） 法名　貞誉妙操大姉 （セン、文政六年八月朔日生れ）
明治二七 1894	11	この頃、東京美術学校第一回卒業生、山田於菟三郎について日本画の手ほどきを受ける。 （山田於菟三郎、新潟師範学校に、明治二六年から同二九年六月迄在任）
明治二八 1895	12	一二月六日、兄、弘没す（二一歳） 法名　華弘明雲信士 （弘、明治七年九月一九日生れ）
明治二九 1896	13	一月九日、父、株没す（四八歳） 法名　乗誉願清西入居士 （株、嘉永元年生れ）
明治三〇 1897	14	既刊年譜による新潟県北蒲原郡新発田尋常小学校を卒業（出典、集英社版画集）、（筆者未確認） この頃、青木香葩に師事し、「秋香」の雅号を用いる。（出典「塔影九―7」）
明治三一 1898	15	父、兄の死去に伴い、一時期、高田に寄留した。高田においては、紺屋や経師屋で奉公した。（典拠、経師屋については清水光一談話・紺屋については清水茂七談話）
明治三二 1899	16	七月、姻戚の清水宜輝（古径と又従兄弟、第十五銀行取締役）を頼って上京して、清水の邸宅内の持家（本郷弓町一丁目　現、文京区本郷町）に妹、ヨシと共に居留す 「新潟新聞」の主筆石井勇の紹介で山中古洞を訪ね、その斡旋で梶田半古の塾に入る

《注》

（1）郷土先人シリーズ（4）・上越市が生んだ日本画の巨匠「小林古径展」、会期、昭和五四年一〇月十四日〜二八日

（2）『越佐人物風土記』（新潟日報社刊・昭和二六年）では、古径について「ひるがえって画壇をみる。今をときめく日本画の大御所小林古径に対するに洋画家で名を馳せた故まきの虎雄と二人の日本的画人を擁している。小林は、今六八才、今なお健在で芸術院会員として、昨年は文化勲章をもらった…」とある。だが、寡聞ながらこれに続く人物伝においては、古径を高田出身とする論述が見られない。

（3）明治四年、戸籍法が施行され、幕藩体制下の組村制度に代わり、大小区政が実施された。新潟県は三五区、柏崎県は九三区、相川県は二五区に編成され、戸籍は五年以後、各村で作成された。大小区は一一年、軍区編成法によって新潟県は一区（新潟）一七郡となった。『写真で語る新潟県の百年』（新潟県史県研究会編・六二〇頁）

（4）本履歴書は、『巨匠の名画　小林古径』・「伝記　小林古径」に一部紹介（「学習研究社」・昭和五二年刊）

（5）「皇国地誌」の編集は府県史より早く、明治八年六月五日、「皇国地誌編輯例則并ニ着手方法」が各府県に示され編纂完了次第、上呈するよう定められた。さらに、同年一一月一二日、その補償として「地誌編者例規則追補欠」（太政官吏達一九六号）に示され、実際の作業が開始された。「皇国地誌」は明治一〇年代の全国府県の現状の把握で貴重な文献として期待されていたが編纂中止となった。関係資料は、東京帝国大学図書館に保管されていたが関東大震災で全滅してしまった。新潟県関係については文献上、次のものが知られる。

・越後国各郡村誌（一部）（新潟県立図書館蔵）

・佐渡皇国地誌（山本修之助編『佐渡叢書・第三巻』、昭和四七年佐渡叢書刊行会刊）
・越後国東蒲原郡皇国地誌稿並絵図（名称が伝承）

（6）明治四年、官業の郵便制度が始められ、全国に郵便局が設置された。新潟町には、明治五年九月に開かれた。『新潟　県百年のあゆみ』（新潟県教育委員会）

（7）『教育学事典・第二巻』（第一法規）「粘着気質の特徴は強い粘着性で、状況が柔軟性で課発制や急激な変化をする場合は、短所となり、鈍重で固陋となるが、熱しやすい気質では周章狼狽するような興奮した状況下でも性格の強さやものに動じない心の落ち着きとなる。精神運動機能は落ち着いた緩慢な行動を示し、口数も少ない。

生活態度は落ち着いて刺激に対し鈍重で、ときに積極的爆発的憤怒がある。社交性やユーモアに関して消極的でこの消極性が一方の極では不平の多い偏執的怨恨に傾きやすく、他方の極では、善良で真面目な愚図となる。

（8）『現代日本美術全集・小林古径』（集英社、昭和四六年刊）

（9）関谷清治氏（上越市大町二丁目）談話

（10）上越市寺町二丁目、光樹寺過去帳

（11）同右

（12）上越市立総合博物館「郷土画人展」に作品が公開される。（会期、昭和四九年四月一一日〜五月二〇日）

（13）『新潟県寺院名鑑』（新潟県寺院名鑑刊行会刊・昭和五八年一二月八日）に、「《宗派》浄土宗、《名称》加宝山光樹寺《開墓》榊原忠次《由緒沿革》知恩院末、もと泰叟寺と称し、上野館林に創立され、榊原家の菩提寺であった。榊原氏とともに寛永二〇年奥州白河、慶安一一年姫路、寛文七年村上、宝永元年姫路と移り、寛保二年高田に入る。明治四三年光樹寺と合寺として一時、養林寺と称したが後、光樹寺に戻る」とある。

（14）小林家の墓地は上越市西郊の金谷山にある。本墓地は旧藩士の墓地で旧榊原藩士の末裔で組織する「和親会」が管理する。現存する小林家の墓は小林茂（古径）が、昭和三年一〇月、先祖の供養のため建立した。墓碑の正面には、家紋の「桐」、「小林家之墓」が刻まれ、右側面に「昭和三年戊辰十月」と見える。昭和五四年七月一一日、速水御舟の義兄、吉田幸三郎の肝いりで修復される。

十六、会津藩士と越後高田

会津藩士中、高田謹慎解除後も当地に留まった人々

南摩綱紀

南摩綱紀は文政六年（一八二三）、会津士南摩綱雅の三男として生れ、幼名三郎、元服して八之丞、綱紀と改め、字は士張、号は羽峯と称した。

初め、藩校日新館で学び、薄命により江戸の昌平黌に入り、経学を修める傍ら、蕃書調所教授職にあってオランダからの国書を翻訳した杉田成卿に学び識見を拡げ、更に大阪の緒方洪庵について洋学を深めてきた。学なりて諸国を歴遊して会津に戻った。

南摩綱紀肖像

戊辰の役においては寄合隊に属し、東征軍と戦い、戦後、高田藩において謹慎を命ぜられ、浄興寺寺中の正光寺にて過ごした。

高田藩は、南摩の優れた学識、識見を認め、謹慎生活中においても講釈を許した。

南摩が講釈する会場には、会津藩士はもとより高田藩士、藩中の好学者も集まった。南摩が説いた経世論の中で、「不学の徒をなからしむる事こそ肝要」と、説く教育立国論は、人々に深い感銘を与えてきた。

この南摩の教育立国論に強く心動かされたのは、頸城区上増田の岡田保及び板倉区針の増村度弘（越渓）であった。明治三年（一八七〇）五月、謹慎生活が解かれ斗南の地へ移されることとなった時、岡田保は、南摩に当地に学校を開くために止まって頂きたいと強く懇願した所、南摩はこの願いを受け入れて学校の開設に尽力することとなった。

学びやは、横曾根の大滝米峰家に設けられ「正心学舎」と称した。名称を「塾」とせず「学舎」と名づけられた所に斬新さが伺える。

「正心学舎規則」によると、生徒は全員寄宿制で学舎に泊まり、段階は一級から七級まであった。七級では「万国公報」、「諸外国書類」などもあり新鮮であった。学舎の営みは、上越地方の近代教育の先駆となった。

学舎で学んだ人々は、当地の先達として教育界、政財界において鋭意力注いできた。さらに進んで医学を修めて医者になったり、軍人になったりして新時代に活躍してきた。

南摩の教育立国論に強く動かされたもう一人に板倉区針の増村度弘（越渓）があった。増村度弘は、当時、二十代の青年であったが、南摩は「これまで数多くの人に会ってきたが、良く書物を読み学徳相備わった者は、越渓である」と漏らしていたと伝えられる。不幸にして明治四年（一八七一）、二十六歳で早世した。その子、度次（朴斎）は、四歳であった。学問に志した度次は、十五歳の時、上京して初めて南摩に会い、十七の時、南摩から字を子徳また成堂という号を受けた。

明治二十七年（一八九四）度次は、父度弘（越渓）の夢であった板倉の地に私立中等学校建設について南摩に教示を求めた所、南摩は、文部省の学校建築掛長久留正道に面談し、その要領を度次に伝えた。翌年、度次は全財産を投じて工事に着工し、二十九年四月十日、「有恒学舎」開校の運びとなった。

南摩は、祝詞を贈って開校を称えた。

抑も余は往年度次君と旧交あり。越渓君は学徳相備われる君子人にして夙に郷里の為

南摩羽峰の書（明治 29 年染筆）
「有恒学舎」の弥栄を記念して贈られる。

に教育を施し各自家を修斎して国家に尽す心あらしめんことを企図せられしが、不幸にして蚤世せらる。度次その志を継ぎ今日この結果あるに至る。

板倉区の朴斎記念館に南摩書の扁額「居盈念損」が見られる。その意は察するに、「居に様々な物が満たされると心にふらつき迷いが生ずる」と言うことになろうか。

本書は、「丙申八月十四七十四日叟羽峯書」とあり、明治二十九年の染筆になるもので、度次が長年の念願であった学舎が創立した年である。南摩からの励ましの書として、学舎の然るべき所に掲げられていたものと思われる。なお、勝海舟からは、学舎の名を揮毫して貰った。

「有恒学舎」創立後も朴斎は、南摩と図って漢学・国学・詩文などを研究する「有終文社」を組織し、南摩を指導者として社中の作品の批評・叱正を仰いできた。南摩は、多忙な中、朱筆加筆して激励してきた。かくして明治年間の上越文壇の出版物には、南摩の序文・跋文・加筆或いは批評の加わらないものが無いと言っても過言ではなかった。

その中、笠松宗謙の『鶏肋集』・『江坂香堂遺稿集』・『渡部魯庵遺稿』・『増村越渓稿』・『三上南窓文集』・『安西翠軒文集』等は、人々に広く知られる所であった。

また、顕彰碑、記念碑、墓銘碑などに撰文を記してきた。

牧嶺修道碑		
阪路険峻	馬鮗手僵	行人咨嗟
仰訴彼蒼	偉哉星翁	損貲發倉
嶮夷毳開	以便行商	人馬蘇息
闔郷頼慶	功勒貞石	愛比甘棠
萬億斯年	遺徳維長	

五智国分寺境内の岡田保（地域の近代化に貢献）、小林百哺（算学塾、牙籌堂創始者）の碑を始めとして、会津墓地の中川昌泰（旧会津藩士にて高田に残り、漢方医として父子共に尽力）、金谷山和親墓地の内田弘（日露戦争において、旅順港閉塞作戦にて戦死）、富永仙八（三和区の目医者）及び星野宗吉（牧嶺修道を開削）等の碑が知られる（上掲）。

なお、書として朴斎記念館（板倉区）に、「居盈念損」、希望館（頸城区）に、）坂口謹一郎寄贈）が見られ、板倉区の笹井家に、羽峯七十九歳の書が伝えられる。

正心学舎が開かれると程なく、旧淀藩の学校総裁に迎えられ当地を去った。次いで京都府中学校を経て太政官・文部省・東京帝国大学教授を歴任、明治二十三年（一八九〇）、高

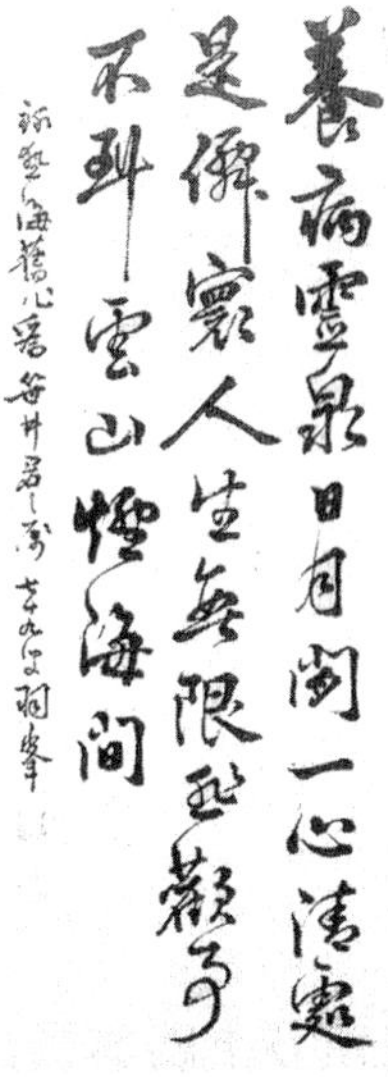

南摩綱紀
（七十九歳の書）

等師範学校教授となり明治の教育の振興に尽力してきた。碩学の誉が高く、新年御講書始めに召されること三回に及ぶ。明治四十二年、八十七歳にて長逝。正四位が追贈さる。

中川昌泰

中川昌泰は、越後中蒲原郡の人で会津藩の藩医加藤泰晉に師事し医術を修めて会津藩に仕え、戊辰の役においては傷病者の治療に務めてきた。昌泰の長男泰甫（昌孝）も戦列に加わり戦死を遂げる。

戦いに敗れて降人となり高田藩に預けられ、謹慎生活が解かれると、当地に止まり、南五ノ辻町（西城町四）にて漢方医を開業し、次男昌義も漢方医を継ぎ高田における最後の漢方医となり地域の医療に尽してきた。

中川家が漢方医として身を立てた背景に、会津藩の薬草栽培の努力、漢方薬の研究の蓄積があった事が見逃せない。薬草栽培は、保科正経の代、寛文十年（一六七〇）、藩主の別邸に各種の薬草を栽培を試みられことに始まった。続いて松平正容の貞享年間（一六八四

〜八七）朝鮮人参を始め各種の薬草が試植され「御薬園」と呼ばれるようになり、漢方の研究が進み、有意な医師が輩出して領内の診療に当たった。

現在、「御薬園」は、国指定名勝「会津松平氏庭園」の「御薬園」として、約四〇〇種の薬草が栽培され公開されている。

明治十五年（一八八二）十一月二十六日、ランプ亡国論で知られる肥後国（熊本県）の佐田介石が全国行脚の途次、高田の善導寺（寺町三）において講演会が開かれた。聴衆者は、二千人にも上ったと報ぜられる程、大盛況であった。所でその当日の夜、佐田は急な病に付せ、翌十二月九日、当地において死去した。佐田は西洋嫌いで知られる人物であり、最後の看取りは、漢方医で知られる中川昌泰医であったものと思われる（「和親会報」平成二三年）、「ランプ亡国論で知られる佐田介石のことども」（拙著参照）。

明治二十四年八月一日、正泰没、七十三歳。墓は、会津墓地に設けられ、南摩綱紀の撰文になる人となりについて墓碑の右面、背面、左面の三面に刻まれている。

醫術随世七運而變遷昔者漢學之入吾邦也取彼醫術加我法而分古法與後世方至徳川氏之末西洋學術漸開至明治中興世局一變文學政刑多採西洋之長大政舊觀醫術亦専師西洋日詳日新守採和漢法者落落如晨呈翁其一世翁稱左京中川氏越後國中蒲原郡中川新村人考

稱三五郎翁其弟第六子好醫徒學曾津藩醫加藤秦普後入藩學日新館精勵十餘年業成歴遊海内博究醫術技大進遂仕曾津藩能回生肉骨名聲籍甚乞治者常満座戊辰之亂療復痍大奏其功平幽于越後國高田一年赦後遂留開業高田坊常漢和漢醫法日表東奔西走訪求同志圖再興之不成春憾而没實二十四年一月也年七十又三葬高田下之郷狼谷銘曰

扁華遺芳　夙傳其技　青□金匱
聾聽痿起　人皆趨彼　我獨守此　勿謂固陋　立志卓爾

明治三十年三月

高等師範学校教授正六位勲六等　　南摩綱紀撰

次男昌義もまた医業を修め、初め、父が開業した南五ノ辻町にあったが、後に二ノ辻町（西城町三）に移して、柏崎、中頸城郡小出雲（現、妙高市）にも出張診療所を設けて往診した。昌義は、洋薬を用いることなく、当地における最後の漢方医としてその名が高かった。なお、明治二十八年の帝国議会で漢方医存続は否決され漢方医の途は閉ざされた。

大正十二年（一九二三）四月二十六日没、享年七十余歳。

小泉清一郎

小泉清一郎は、真宗寺で謹慎生活を過ごした。なお、大八木仙蔵も同寺にあり、加藤武司は、同寺中の法林寺にあった。

小泉は、赦免後も同寺に止まり寺男となり寺の仕事は言うに及ばず近隣の人々の依頼を受けて用を果たしてきた。健脚で知られ、高田・長野往復四〇里の道程を日帰りで用を済ませてきたと伝えられる。子供好きであり、子供たちから「コメチャン」と慕われた。明治四五年六月十日にこの地で亡くなった。

年齢から推定すると真宗寺に入ったのは、十六・七歳の頃であり、言わば「白虎隊」と同年代の少年武士であった。

墓は会津墓地に建てられた。碑銘を読むと、正面に「小泉清一郎墓」、二段目の台石に「真宗寺、田村真実ら発起人の名が記されている。左側面には「建設世話人、真宗寺、井上増吉、宮下重、茂木信重」の名が刻まれ、右側面には没年月日が刻まれている。

大八木仙蔵

大八木仙蔵（諱、義方）の高田謹慎所は、真宗寺中法林寺であった。明治十年（一八七七）、西南戦争において輜重兵として従軍し同年九月一日戦死。四十三歳であった。

墓は同十一年七月、会津墓地に建立された。墓碑の銘から人となりが伺える。

君氏大八木諱義方稱仙蔵陸奥国舊曾津藩士佐治貞助二男繼大八木忠四郎家配郎忠四郎女也生一女戊辰之難同薄士幽於越後國高田藩後遇赦留焉明治十年西南賊起應募輜重隊九月一日戰死于薩摩國鹿児島時年四十三

なお、大八木仙蔵の墓に並んで妻、茂登子の墓、「義室貞功大姉・明治三十八年五月一日亡ス・行年六十五歳」が見られる。

小原朝長

「幽収名簿」、「謹慎名簿」共に小原朝長（通称、數右衛門）の名は見られないが、両名簿に於いて「小原姓」の藩士は一名であり、両名簿に「小原惣次郎、善導寺寺中長徳院」と見えている。

謹慎生活が解かれた後、当地に止まり、妻富子と共に暮らした。嫡子の朝忠は、長岡裁判所検事を勤め晩年、小田原に転居した。

なお、朝忠の養子、直は吉田内閣の司法相を勤めたと伝えられる。

会津墓地には小原朝長の墓（家族合祀）があり、墓碑に、次のよう記されている。

・右面　小原朝長妻富子之墓
　　　　小原朝長孫清子之墓
・正面　小原朝長之墓
・左面　君通稱數右衛門北越高田偶居中明治廿一年八月十八日罹病遂卒享年六十三葬
　　　　于金谷山　下狼谷
　　　哀子　検事勲六等
　　　　　　　　　　　　　　　　　　　　小原朝忠建之

加藤武司

加藤武司は、高田謹慎は、真宗寺中法林寺で過ごした。所属隊は、「寄合丸山分隊」と、「幽収名簿」（略称）に見えている。謹慎生活が解かれると、加藤武司は吉川区深沢に定住し、農業に従事した。

同家には、先に示した「曾津藩高田幽収名簿」を伝存する。本名簿から高田において謹慎生活を送った会津藩士の氏名、所属隊、身分、収容寺院が知られる。

本名簿は、『吉川町史・第三巻』に収録されている。なお、武司が戊辰戦争において着用した「肩章（新遊撃隊）」が伝えられる。

林義亮

林義亮は会津藩士林信櫃氏の九男兄弟の四男として天保八年（一八三七）七月五日に誕生。幼名を太四郎と言われ藩校に学んだ。戊辰の役に参加し、捕らわれの身として高田に送られ幽収生活を過ごした。義亮が収容された寺院については、寡聞ながら「林義亮」又は「林太四郎」では知られない。林姓は、多数あり伺うことは難しい。

明治二年（一八六九）の春、赦免されて戸狩（板倉区）に落ち着き、岸田多兵衛）屋号タサエ）の妹チノを迎えて定住した。

義亮の学識を聞き及んだ長嶺の橋詰庄左衛門、戸狩の小林六郎治、岸田庄八が教えを受けた。第一門下の三者は、隣里郷党の子弟教育のために、その後の門下生らとも相図って、義亮塾を開く事を願い出でて、戸狩に塾が開かれる事となった。

「新遊撃隊」
加藤武司肩章

林塾には彼の教えを学ぶものが多かった。塾生の中には上越電気株式会社創設に尽力し、「高田新聞」の社長を務め、衆議院議員として国政に参与した高橋文質があった。

学制が施行されると、学識、識見が買われて、明治七年、宮島小学校高野分校）豊原小学校の前身）に迎えられた。十一年、新潟県学教場に入所、同年、尋常師範学科を卒業、訓導に任ぜられ、豊原小学校の初代校長として奉職。十三年、津有村の四箇所小学校に転任、二十七年より戸野目尋常小学校に勤めた。三十一年病に倒れ、三十三年七月二十五日逝去、六十四歳。

板倉区大字　戸狩の八幡神社の西方、字宮の前において二メートル余に及ぶ「弧松林君之碑」と題した彰徳碑が見られる。篆額は、前島密、碑文は、保坂祐吉になる。

林義亮碑の篆額

弧松先生墓長

従二位勲二等男爵前島密篆額碩

先生諱義亮林氏號松通稱太四郎曾津藩世臣幼學藩校學才超衆戊辰之役奔走兵間備當難苦曾津城陷爲官軍所發錮于高田藩明治二年春得赦遂留住焉長嶺橋詰庄左衛門戸狩小林

六郎治岸田庄八請先生教子第三年醵金設塾於戸狩來學者頗衆七年應高野小學校聘為校長十一年五月入新潟縣講習所卒業任新潟縣訓導仍為高野小学校長十三年轉四箇小学校長恪金勤奉職諄諄提誨十有九年猶一日子弟悦服三十一年罹中風荏苒不癒遂没實三十三年七月廿五日也距生天保八年二月享年六十四葬於宮脇堂娶岸田氏擧一男二女男桂一入大學専攻工學爲博士長女嫁丸山氏二女在家先生己方正接入寛厚常爲郷堂所重性嗜酒善詩其詩不必□錬對酒興到腹稿己成立飲且書以樂必言其所欲言而後止先生既没中餘年門人相謀建碑以傳不朽嗚呼亦可以知先生徳化及人之深矣

大正四年乙舛五月　保坂祐吉　撰並書

義亮の長男桂一は、新潟県中頸城郡尋常中学校）県立高田高等学校の前身）、第一高等学校を経て京都帝国大学理工科を卒業。新居浜の住友別子鉱業に職を奉じ、傍ら「弾力性地盤上に於ける桁の理論」の研究で、工学博士となり九州大学の教授となり、卓越せる学説を多数発表すると共に、「円及双曲線函数表」、「高等函数表」等の著述があり内外からも高い評価を得てきた。

昭和三十三年七月、七十八歳で逝去。これまでの研究業績に対して、勲二等旭日重章が叙与された。図らずも生と死が期せず同日であった。

参考資料
・『百年のあゆみ―豊原小学校』）記念誌）
・『板倉町史・集落史』

会津墓地を守ってきた田村家

田村家の由来は、会津藩士武藤左源太の長男の右近政明は、戊辰の役に際して、松平容保に従い国事に奔走してきた。次で田村重兵衛長秀の長女のブンと結婚し、名を田村重兵衛政明と改め浪士の身となって会津藩の枠にとらわれることなく諸事に当たった。世が治まると、政明は、喜多方の出自の真實を田村家の養嗣子に迎え田村家を継ぐこととなった（田村真実の実弟、真現の談話）。

田村真實（明治五年二月四日生）は、済生学舎に学び、医師の免許を取得し、長岡病院に就職。次いで高田病院に眼科主任として赴任。同三十六年、同病院を辞職して再度、東京帝国大学眼科選科において学んで、翌三十七年、高田町馬出において眼科医院を開業し地域の医療に当たると共に、会津藩士にて当地に留まった人々と交流を深め、会津墓地の維持管理に意を注いできた。昭和六年（一九三一）一月二日逝去。享年六十歳。田村真實の墓に人となりが次のように刻まれている。

明治二十八年濟生会學舎卒業尓長岡江差高田病院眼科部長トシテ明治三十六年迄勤務後東京帝國大學眼科選科卒業同三十七年九月高田市ニ開業昭和五年病ヲ得テ翌六年一月二日六十歳ヲ以テ没ス

真實の子堅幹も父の志を受け継いで公務の傍ら「舊會津藩士墓地圖」）昭和三十年五月十一日調査写生）を作成し墓地の現状を精査し墓地の維持管理を進め、「会津墓地案内板」）昭和五十七年七月五日）を設け市民の周知を図り会津墓地参詣者の案内を努めてきた。

田村真實の報告に見られる大正初期の会津墓地、高田在留者の状況

田村真實は「曾津曾々報」（第十一号）に「高田に於ける曾津藩士墓地」と題して当時の墓地の状況、会津ゆかりの人々の近況について次のように報告している。

（前略）前記薩長及び高田藩士の墓地より、同じ金谷山麓の其北二三丁を距つる、我曾津墓地は、ほとんど無縁の姿となり居り、從來此地に在る舊藩人合力して僅に草荊をじゅう披舊墓地の躰裁を保知、時々参拝して聊其英魂を慰め來たるも、今や舊藩の人は移轉または死去等に依り、其數殆盡き、即ち小原朝忠氏（元地檢事）は小田原へ轉居し、其後黄泉の客となられ、小泉清一郎氏は七年前同曾津墓の人となられ、湯田勝治氏（元高田農業學校教頭）は群馬縣へ轉任せられ、秋山大藏氏も亦逝き、又元曾津墓地の開墓者たる汐見仙五右衛門氏の遺族は、當地に曾津風呂屋の盛名を一時謡はれるも、其一家悪疫の襲ふ所となり死に絶え、僅かに汐見かく媼は一人残り居るとの事なれども、今は何處どうして、御座るやら、或は行衛不明との噂さえありて人其所を知るものもなく、又小櫃竹三郎翁あるも今や老躯病褥にありて歩行困難との事なり、予の知れるは、只大鹽正廣氏（公証人）あるのみ（下略）

と、共に過してきた人々に篤い想いを寄せ、時代の移り変わりについて慨嘆している。

以下、田村真實の記録に見える人々について、会津藩士として髙田において謹慎生活を過ごし、謹慎生活が解除された後も、当地に止まった人々かどうか確認してみたい。

◇小原家・小泉清一郎は「幽収名簿」、「謹慎名簿」に見られる（前出、参照）。

◇汐（塩）見家・大塩家は、「幽収名簿」及び「謹慎名簿」には、汐（塩）見姓、大塩姓は見当たらないが、会津墓地には、各家二基づつ見られる。古老から大塩家が開いた風呂屋は、「会津風呂」と称され、塩見家は「公証人」と呼ばれたと言う事は、聞いている。

◇秋山大蔵・小櫃竹三郎は「幽収名簿」、「謹慎名簿」では詳らかではないが、当地で亡くなった人々である。なお、会津墓地には墓は見られない。会津縁りの人々に相違はないが、不明な点を残している。

◇湯田勝治は、会津出身者で高田農業学校に勤務し、群馬県に転勤し高田との縁は無くなったと思われる。

◇中川家は高田の漢方医として著名であり、会津墓地に、南摩綱紀の撰文を刻した墓を備えているが、田村真實の報告に見られないのは、如何なものであろうか。

◇林義亮については、前出「曾津曾曾報」において「曾津藩士墓地埋葬者」として林義亮の名が見られるが、当墓地には存在しない。

以上、会津藩士中、高田謹慎解除後も当地に留まった人々について概況を示したが、田村真実の調べと拙稿との間に相違が見られる。田村真実の調べは明治期、福島県から当地に来住者、寄留者が含まれているように思われる。

拙稿では、会津藩士で謹慎が解けた後、市内吉川区に留まった加藤武司が残した「会津藩高田幽収名簿」（『吉川町史』資料編）と『会津談会』（第四十六号）に収録されている「会津藩北越高田謹慎名簿」の二資料によって確認してきた。

会津墓地の案内板を巡って

高田謹慎中に病死去した人々の墓は六十八基を数え、異国の地で眠る無念さを伝えている。これまで田村真実、堅幹父子の努力によって伝えられてきたと言える。昭和五十七年五月、堅幹は墓地について次のような謂れを記した立札を立て、周智を図ってきた。

会津墓地

明治元年九月、会津落城にともない翌二年正月、降伏人千七百人は高田藩にお預けの身となりましたが、厳冬の越後路を傷病のからだに鞭うっての長途の旅と、酷しい幽囚生活に苦しみ疲れ、病死者続出し、僅か一年余にして六十八名の人がこの地に葬られるに至りました。

幕末動乱の世にあたり、主家に殉じて勇戦空しく異郷に斃れましたことは、まことに痛恨の極みでありますが、その名節に生きた高い志は永く人の心に銘記されることでありましょう。

なお、ここには他に、その後高田に在住された福島県人の墓が三十余基あります。

昭和五十七年五月

会津墓地管理者　上越市大町二丁目　田村堅幹

田村堅幹が死去により墓地の維持管理は、町内のボランティアによって進められてきた。

その中、平成二十二年度の会津若松市の「市民号」による親善訪問事業は、会津墓地に参拝し、会津藩祖保科正之の幼少期を過ごした伊那市を尋ねる計画となった。もれ聞く所によると、会津墓地の参拝がなされるとの事で参加人数も多く、車輛は、二台になったとの事である。同年四月十九日、団長は菅家一郎市長以下、百有余人の会津市民の献花がなされ、市長の挨拶の中に「戊辰戦争の悲劇を乗り越えて今がある。歴史顕彰をしっかり行い、親善交流にさなげたい」と決意が示めされた。

現在、「金谷地域歴史を守る会」の活動によって会津墓地は管理されている。墓地の美化を努めてきたが田村堅幹が設置した案内板の痛みが厳しくなり、同二十五年八月、守る会の名で案内板が設置される事となった。

案内板に見られる「死因については厳しかった戦乱と先の見えない謹慎生活での心身の衰弱、加えて慣れない自炊生活での白米食に偏した栄養障害等によるものと推察される」とのくだりは奇異に感ぜられるかと思われるので、脚気死亡者と思われる墓碑を次表に示しておく。

そこには、備考欄に見られる「藤沢日記」における記述に対して、会津藩の医学のレベルの高さ、記録者の丁寧さに対して絶大な敬意を表する次第である。

会津墓地の由来

明治元年（一八六八）九月、会津藩は戊辰戦役に敗れ翌年一月、厳冬の中、千七百有余人が降伏人として高田藩に護送され、高田の寺町の諸寺院に収容されて謹慎生活を過ごす事となった。

当時、高田藩は長州出兵、戊辰の役に参じ財政は困窮の極みにあった。同二年は「巳年の困窮」と言われ、気候は極めて不順で凶作の年であった。藩はこの難事に処するために藩札の発行、医療所の開設、加配米の給付など手を尽くしてきたが、謹慎生活が解かれる同三年六月までに残念ながら七十人に近い死者があり、この地に埋葬された。

墓・碑には俗名・法名、死亡年月日、年齢、中には略歴が刻まれ、異郷の地で命を落とした藩士の無念さが彼此と偲ばれる。死因については厳しかった戦乱と先の見えない謹慎生活での心身の衰弱、加えて慣れない自炊生活での白米食に偏した栄養障害等によるものと推察される。

墓地の中には謹慎が解かれた後、西南戦役に参戦し戦死した者、当地で生涯を過ごした者及び会津由縁の人々の墓も併設する。

会津墓地は、会津出身で当地で眼科医を開業した田村真實、嗣子の堅幹によって守られてきた。平成の世を迎え、上越市民のボランティア活動などによって保全維持に努めている。今後とも、近代日本の夜明けにおいて会津藩・高田藩の苦しみが埋め込まれたこの墓地を秘められた史跡として守っていきたい。

春日野　村山　和夫
大　實　佐藤　仁

《表》脚気及び腫心死亡者と推察される墓碑

墓碑	謹慎所・身分・職格・病没事由他
〈右面〉明治二己巳歳二月十七日 〈正面〉珠貴院釋信静居士 〈左面〉舊會津藩江川治郎八墓	「幽収名簿」浄興寺本堂白虎隊分隊内江川治郎八 「謹慎名簿」浄興寺本堂月隊江川次郎八 「藤澤日記」天氣ニ不成、白虎隊江川次郎八湿気腫心ニテ死ス
〈右面〉明治己巳五月廿二日 〈正面〉金成源四郎義勝墓	「幽収名簿」光國寺ニテ寄合隊坂十郎分隊金成源之助 「謹慎名簿」光國寺二番士中寄合隊金沢源次郎 「藤澤日記」廿二日風立曇ル金成源四郎病死濕気腫心ニテ
〈右面〉明治二己巳歳六月十三日 〈正面〉小田川平八墓	「幽収名簿」長遠寺足軽寄合隊小田川平八 「謹慎名簿」長遠寺小田川平八 「藤沢日記」目黒條之助・小田川平八病死何れも脚気
〈右面〉明治己巳歳六月晦日 〈正面〉下司三郎墓	「幽収名簿」では下司三郎は見当たらない 「謹慎名簿」東本願寺五日講青龍隊、下司三郎事梅津鎌之助 「藤澤日記」廿九日夜中、下司三郎脚気腹心ニテ病死
〈右面〉市野左源奥州若枩之産也 明治己巳年七月四日病死 〈正面〉源昭院泰誉善行居士	「幽収名簿」常顕寺御用人支配分隊士分市野左源 「謹慎名簿」常顕寺市野左源 「藤澤日記」四日天氣ニ成ル市野左源病死脚気也
〈右面〉明治己巳歳六月六日 〈正面〉中井兼吉墓	「幽収名簿」長恩寺會義隊士分中井兼吉 「謹慎名簿」長恩寺中井兼吉 「藤澤日記」六日朝雨降ル中井兼吉病死此節大方脚気腫心ニテ

〈右面〉明治二己巳年七月九日 〈正面〉大戸義直墓	「幽収名簿」本誓寺青龍隊士分大戸大太郎 「謹慎名簿」本誓寺青龍士中組大戸大次郎 「藤澤日記」九日漸快晴之模様大戸大治郎病死脚気ニテ
〈右面〉明治己巳年六月十三日 〈正面〉目黒榮之助墓	「幽収名簿」本誓寺ニテ青龍隊士分目黒勝之助 「謹慎名簿」本誓寺青龍士中細目黒榮之助 「藤澤日記」十二日目黒條之助・小田川平八病死、何れも脚気
〈右面〉明治己巳 〈正面〉山口昌玄墓	「幽収名簿」浄興寺本堂白虎隊内山口丑三郎 「謹慎名簿」浄興寺本堂山口丑三郎 「藤沢日記」十五日、「山口丑三郎湿氣腫心病死十七歳
〈右面〉明治二己巳年六月廿二日 〈正面〉阿妻重多秀重之墓	「幽収名簿」・「謹慎名簿」共に不詳 「藤沢日記」阿妻重太病死腫心ニテ
〈右面〉明治己巳歳六月晦日 〈正面〉元會津　安藤常次郎墓	「幽収名簿」本誓寺中長楽寺士分《安藤常次郎》 「謹慎名簿」本誓寺中長楽寺侍分《安藤常次郎》 「藤澤日記」廿九日夜中、安藤常次郎、脚気腫心ニテ病死

あとがき

村山和夫

NPO法人頸城野郷土資料室が平成二十年四月に創立されて、本年（二九年）は、設立三十周年を迎えることとなりました。本室のメイン事業である「くびき野カレッジ天地びと」は通算三百回をゆうに越える事となりました。

この度、石塚正英理事長より、「米寿を迎えられたので、これまでカレッジで報告した諸論を基盤にして一著に編集し、当会の創立十周年事業の一環としたい」と、望外なお申し出を頂きました。折角のお話であり、今後の調べの手掛かりになれば有り難いと、不学を顧みずお引き受けを致すことにしました。

内容は「くびき野カレッジの天地びと」の報告に準じて、人物紹介とする事としました。

当地の地域の特性として、人々の交流が盛んで、古くは大国主命の乗越、源義経伝に始まり日本史に登場する数々の武将、文人が往来し、明治の世を迎えると、人々の交流が一層盛んになり、日本人に止まらずレルヒ少佐、蔣介石総統、エドウィンダン（石油事業家）

等著名な外国人も当地に訪れてきました。一方、中央で活躍する人々を輩出いたしました。

ここでとりあげた人物は、明治・大正期、いわば近代の人々としました。なお、これまで多くの人々が論じた前島密、小川未明等々については外させて頂きました。構成は次の三部にまとめました。

一、くびき野を訪れし人済々（七名）

勝海舟、福沢諭吉、東郷平八郎、岡倉天心、夏目漱石、森鴎外、尾崎紅葉

二、くびき野に生れし人済々（六名）

竹内金太郎、白石元治郎、竹村良貞、庄田直道、小林百哺、高見実英

三、特記二件（二名）

小林古径記念美術館設置を迎えて

会津若松と越後高田

お断りしたのは、とり挙げた人物についての記述に統一性が無い事、もれ落ちが見られる事など多々不満な面が残されている有り様です。不備のままの提起については甘受いただきたいと存じます。それらは、本会の今後の研究に委ねたいと思っております。

以上、この度の構成の概要を略記し擱筆いたします。

この度は素晴らしい場を与えて頂き、本当にありがとうございました。

著者

村山 和夫（むらやま かずお）

1929年、新潟県上越市（旧高田市）に生まれる。新潟大学高田分校終了、法政大学文学部史学科卒業。1951年～1990年、県内国公立小中学校、市・県教育委員会に勤務。1990年～2003年、上越市文化財審議委員会（副委員長）、上越一帯市町村史編纂従事。2008年～、NPO法人頸城野郷土資料室顧問、同NPOくびき野カレッジ天地びと講師。頸城野博学士。主要著書 『高田摘誌』北越出版 、2001年。『高田藩（シリーズ藩物語）』現代書館 、2008年。『くびき野文化事典』社会評論社 、2010年刊。

編者

石塚正英（いしづか まさひで）

1949年、新潟県上越市（旧高田市）に生まれる。立正大学大学院文学研究科史学専攻博士課程満期退学、同研究科哲学専攻博士（文学）。1982年4月～、立正大学、専修大学、明治大学、中央大学、東京電機大学（専任）歴任。2008年～、NPO法人頸城野郷土資料室（新潟県知事認証）理事長。主要著書 石塚正英著作選『社会思想史の窓』全6巻、社会評論社、2014～15年刊。

頸城野近代の思想家往還

２０１７年10月20日初版第１刷発行

著　者／村山和夫　編　者／石塚正英

発行者／松田健二　発行所／株式会社　社会評論社

東京都文京区本郷２－３－10　お茶の水ビル　電話　03（3814）3861

印刷製本／倉敷印刷株式会社

NPO法人頸城野郷土資料室　設立趣旨書

2005年1月、14の市町村（上越市、安塚町、浦川原村、大島村、牧村、柿崎町、大潟町、頸城村、吉川町、中郷村、板倉町、清里村、三和村、名立町）が合併してから三年近く経過した。このような大合併の場合、政治的・経済的には利点が見られても、文化的には合理化のあおりをうけて地域切捨てが深刻化する場合があり得るのである。

これまで幾世紀にわたって、字《あざ》単位で形成されてきた頸城各地の郷土文化を、文字通りの意味での上越後地方における郷土文化へと連合する運動、すなわち「頸城野文化運動（Kubikino Culture - Movement KCM)」を開始することが肝要と思われる。この運動は個性あふれる地域文化の連合・再編成を目指すのであって、中央的な文化への統合ではあり得ないし、いわんや単一文化への融合（地域文化の切捨て）ではあり得ない。具体的な活動としては、民俗文化や歴史的建造物を文化財として保護し、それらの基礎資料・研究資料を収集・整理し、後世に引き継いでいくことに努めたい。

そこで私たちは、「特定非営利活動法人頸城野郷土資料室」を設立し、広く市民に対して、後継者を失いつつある民俗文化や遺失･損壊の著しい郷土の文化財を保護するために資料室を設置し、教育イベント、調査研究及び広報事業等を行い、郷土文化の保存と再編成に寄与していく所存である。

こうした活動を実施する上で、法人化は急務の課題だが、この会は営利を目的としていないので、いわゆる会社法人は似つかわしくない。また、市民や行政との協働を進めるため、ガバナンスの強化や市民への説明責任を重視し、開かれた団体として情報公開を徹底する方針であり、そのような公益的な観点からも、数ある法人格の中でも最も相応しいのは、特定非営利活動法人であると考える。

（2008年4月）

※既刊

「裏日本」文化ルネッサンス

NPO法人頸城野郷土資料室／編　石塚正英・唐澤太輔・工藤　豊・石川伊織／著

定価＝本体2600円＋税

日本海沿いの町直江津往還

——文学と近代からみた頸城野——

NPO法人頸城野郷土資料室／監修　直江津プロジェクト／編集

定価＝本体2200円＋税

くびき野文化事典

NPO法人頸城野郷土資料室／編集　村山和夫／監修

定価＝本体8400円＋税

現代における労働者革命の原点を探る

石塚 正英／著

革命職人ヴァイトリング

コミューンからアソシエーションへ

〈主要目次〉

560頁　定価＝5600円＋税